Für V. und R.B.

Christine Feldhaus

Das war's!

Bibliografische Information der Deutschen Nationalbibliothek:
Die Deutsche Nationalbibliothek verzeichnet diese Publikation in der Deutschen Nationalbibliografie; detaillierte bibliografische Daten sind im Internet über http://dnb.dnb.de abrufbar.

© 2016 Christine Feldhaus

Herstellung und Verlag: BoD – Books on Demand, Norderstedt

ISBN: 978-3-7392-1782-6

Inhalt

Vorvorwort 7
Vorwort 9
Der atemberaubende Sensationsbestseller im Herbst 2014 11
Aber manche mögen keine Bestseller 15
O sancta simplicitas! 17
Das Kultusministerium (Fortsetzung) 19
Presse, Funk und Fernsehen 23
Wie ich einmal Clownin werden wollte … 29
Und Bürgermeisterin 39
Die Killertaube 42
Exkurs „Das wird Dir noch Leid tun" 43
Mein Lieblingsgericht? 46
Anwälte und Anwältin 48
Mein Tisch (Fortsetzung und Schluss) 54
STD'n Sabine Hartmann 57
Wie bei der FIFA 60
Kollektive Performance 62
Rosemarie Barthel 68
Bürgermeister Stolz 72
Weiteres vom Würger oder Alles hört auf sein Kommando 75
Und wie heißt das Regal? 81
Unsre schöne Schule 86
Schlusswort 91
Das war's! 92

Vorvorwort

Liebe Leserin, lieber Leser,
Sie werden bei der Lektüre gelegentlich denken oder sogar ausrufen: „Das kann doch gar nicht wahr sein!" Doch damit haben sie leider nicht recht. Ich habe mir das alles nicht nur ausgedacht, es handelt sich um keine Fiktion, alles ist so geschehen! So etwas kann durchaus geschehen – und warum nicht auch im 21. Jahrhundert, in der „Wohlfühlstadt" Gelnhausen?

Vorwort

In „Psychoterror" hatte ich eine Fortsetzung des Krimis versprochen. Hier sind also Fortsetzung und Schluss.

Weil ich ein Komma vergessen hatte, gab es schon bald eine zweite, korrigierte Auflage. Und gegen Ende desselben Jahres (2014) auch noch eine dritte. Die war notwendig geworden, weil ich den Klarnamen der Beamtin XY tilgen musste. Bei der Gelegenheit habe ich Anfang Dezember auch gleich noch eine Aktualisierung verfasst. Darin finde ich persönlich die Suizidversuche, die ich unternommen hatte, am interessantesten. Sie haben etwas Mysteriöses, weil außer den Schulleitern niemand davon weiß: Niemand sonst in der Schule, meine Nachbarn nicht, nicht meine Ärztin und ich selbst auch nicht …

Zweierlei ist in diesem Buch neu: Anmerkungen gibt es generell nur noch in absoluten Ausnahmefällen. Und speziell auf die Scherze (in „Psychoterror", Anmerkung 8) wird gar nicht mehr hingewiesen. Sie lesen/Ihr lest sozusagen „Feldhaus für Fortgeschrittene".

Der atemberaubende Sensationsbestseller im Herbst 2014

Annette von Droste-Hülshoff hatte es als Schriftstellerin anfangs schwerer als ich. 1838 war bei Aschendorff in Münster in einer Auflage von 600 Exemplaren der erste Band ihrer Gedichte erschienen. Zu ihrem Kummer war diese erste Auflage im Sommer 1841 immer noch nicht vergriffen, für sie eine „niederschlagende Gewissheit", wie sie am 20. Juli ihrem Vetter August von Haxthausen schrieb. „… was irgend verkauft wird, geht ins Ausland, hier liest es keine Seele, meine eignen Verwandten und ältesten Freunde haben noch nicht hinein gesehen." (Mit einigen Verwandten geht es mir ähnlich.)

Dennoch war mein Opus 1 von Anfang an ein sensationeller Erfolg, der sogar meine Lektorin,[1] die sich im Gegensatz zu mir mit solchen Dingen auskennt, staunen machte. Es verkaufte sich wie die berühmten warmen Semmeln, vornehmlich in den hiesigen Buchhandlungen, aber auch in der Schweiz und in Italien. Hunderte Exemplare waren bald abgesetzt und wurden offensichtlich gleich nach der Lektüre an schon ungeduldig wartende weitere Interessierte verliehen.

Zwei Personen oder vielleicht sogar drei scheinen jedoch nicht ganz so glücklich darüber zu sein, dass sie in einem Bestseller erwähnt werden, obgleich sie sonst nie genug Publicity bekommen können. Der Würger z.B. bestellt die Presse, wenn er sich als Müllsammler betätigen will. Auch seine liebe Freundin Barthel lässt jemanden von der Zeitung kommen, wenn sie – unterstützt von Oberstudienrätin i.R. Schmitz-Bonfigt – einen Stolperstein putzt. Diese zwei oder drei Leute gehören sicher auch zu denen, die sich nicht in unsere Buchhandlung trauen, sondern

---

[1] Anm. der Lektorin: das klingt so, als hätte ich dieses Buch lektoriert, also inhaltlich-stilistisch bearbeitet – habe ich aber nicht. Zum Leistungsspektrum der freien Lektorin gehört auch „Producing": Meine Arbeit an „Das war's" – wie auch an „Psychoterror" – umfasste lediglich: Korrektorat (Grammatik, Orthographie, Interpunktion), formale Vereinheitlichung, Layout, Druckabwicklung.

„Psychoterror" bei Amazon bestellt haben. Feiglinge! Dabei liest frau allenthalben „Kaufe ein in Deiner Stadt ...". <u>Ich</u> kaufe in meiner Stadt!

Annette von Droste-Hülshoff ist längst weltberühmt,[2] was ich ihr von Herzen gönne, zumal wir seit 2009 (entfernt) verwandt sind. Mir reichen Gelnhausen und die nähere Umgebung: Fremde Menschen strahlen mich an, gratulieren mir und wünschen viel Erfolg. Ein junger Autofahrer hält an einem Septemberabend neben mir an: Ich hätte ein schönes Buch geschrieben, das müsse er mir mal sagen. Ich werde gebeten, „Psychoterror" zu signieren. Manche erzählen, was <u>sie</u> mit dem Würger, diesem Bürgermeister oder dem Gruselduo erlebt haben und noch erleben. Frau Kehm (vgl. „Psychoterror", S. 55 und 68) trifft in der Oberstadt Frau Pluto (ein Pseudonym) und schlägt ihr vor, gleich an Ort und Stelle Autogramme zu geben, wobei Frau Löffler-Lelito und Frau Sammet sicher auch mitmachen wollen. Und im hiesigen Ordnungsamt bricht nach kurzer anfänglicher Zurückhaltung Hochstimmung aus, als ich dort anrufe, um mich – freundlich wie immer – über eine Straßensperrung zu informieren. Ich finde mich selbst ja auch sehr sympathisch, aber <u>diese</u> Euphorie am anderen Ende der Leitung hat mich zunächst doch überrascht, bis mir des Rätsels Lösung einfiel. Sie erinnern sich: Bürgermeister Stolz – keinen Deut besser als die anderen Mascalzoni – in einem Brief vom 30. September 2013: Das Ordnungsamt war schuld (vgl. „Psychoterror", S. 63 und 64). – Wie erbärmlich! Pfui!

Aber so funktioniert es. Die üblen Direktoren des Grimmelshausen-Gymnasiums geben ja auch nicht zu, dass sie selbst den rasanten Niedergang ihres „Elitegymnasiums" zu verantworten haben, und die Schulämter lassen sie gewähren. Da kann ich nur wieder Cicero zitieren: „O tempora, o mores!" (In Catilinam I1) Stolz hatte die Mitarbeiter und Mitarbeiterinnen im Ordnungsamt sicher nicht gefragt, ob er sie derart bezichtigen dürfe. Und so mussten sie nach der Lektüre meines Buches annehmen, dass ich den Quatsch geglaubt habe und ihnen nun gram war. Umso grösser war also jetzt die Erleichterung.

---

[2] Im Sommer 1843 hatte sie an Elise Rüdiger geschrieben: „Ich mag und will *jetzt* nicht berühmt werden, aber nach hundert Jahren möcht' ich gelesen werden, und vielleicht gelingt's mir ...".

Sich über Schulleiter zu beschweren ist ja erfahrungsgemäß witzlos. Verhält es sich bei Bürgermeistern ähnlich?

Meine Lektorin/Producerin (immer noch die fähigste) schickt mir regelmäßig die aktuellen Abrechnungen des Verlags, denen ich zu meiner Zufriedenheit entnehmen kann, dass der Verkauf läuft und läuft und läuft … „Kaum habe ich einen Punkt gesetzt, wird er sofort zu drei Punkten." Hier geht es mir wie der Gewinnerin des Literaturnobelpreises im Jahre 2015 Swetlana Alexijewitsch beim Schreiben ihres Buches „Der Krieg hat kein weibliches Gesicht", München 2015, S. 29.

Ganz ausgezeichnet und besonders lobenswert ist etwas, auf das mich Tobias Gros in der Brentanobuchhandlung aufmerksam gemacht hat: In einer buchhändlerischen Bibliographie findet sich „Psychoterror" mit dem Schlagwort „Schullektüre" versehen. Das müssen die Schulämter und das Kultusministerium angeregt haben. Sie haben zwar nichts für mich getan, aber doch wohl erkannt, dass Schülerinnen und Schüler – ein bestimmtes Alter vorausgesetzt – solche Dinge wissen müssen. Gelegentlich werde ich mich erkundigen, wieviele Klassensätze das Grimmelshausen-Gymnasium angeschafft hat.

Werbung zu machen wäre also eigentlich nicht nötig, kann aber auch nicht schaden und macht mir zudem Spass. Und nicht nur mir!

Gerne erinnere ich mich daran, wie ich an einem späten Mittwochnachmittag hinten in der hiesigen Peterskirche gestanden und in Erwartung der Abendmesse schon mal ein wenig gebetet habe. Etliche, die dann hereinkamen, konnten sich das Lachen nicht verkneifen (in Kirchen darf man lachen!). Was war mit ihnen? Ganz einfach! Ich hatte mein Fahrrad wie gewohnt gleich neben dem Eingang abgestellt, im Gepäckkorb allerdings etwa zehn Exemplare von „Psychoterror", ein Sparschwein (Marke „Buch macht kluch") und ein kleines Plakat mit der Aufschrift:

In unseren Buchhandlungen: 11,- Euro
Hier: 13,- Euro
(Amazon ist verboten!)
☺

Es müssen nicht immer teure Anzeigen oder Ähnliches sein!

Diese Aktion habe ich inzwischen beendet, weil Ihr gefälligst selbst in unsere Buchhandlungen gehen sollt, aber einen kleinen Stapel Visitenkarten, von denen im Kapitel über den Würger zu lesen ist, habe ich beinahe immer bei mir.

Aber manche mögen keine Bestseller

Alle haben „Psychoterror" gelesen! Alle! Einige wenige geben das allerdings nur ungern zu – oder gar nicht.

Manche Menschen trifft man nur selten. Meine Standardfrage ist also oft „Haben Sie/hast Du mein Buch schon gelesen?" Exemplarisch schildere ich hier nur zwei Begebenheiten. So habe ich z.B. im September 2015 Jessica Fingerhut gefragt (im Februar 2010 war sie in der Jahrgangsstufe 7, vgl. „Psychoterror", S. 20). Ihre Antwort: „Ich habe davon gehört." Erstaunlich, oder? Sprecht sie doch beim nächsten Ehemaligentreffen spaßeshalber darauf an und erzählt mir, was sie gesagt hat.

Anja F. hatte ich als Schülerin in einem Leistungskurs (röm.-kath. Religionslehre). Etliche Jahre später haben wir uns in Freiburg bei einer Jahrestagung des Altphilologen-Verbandes getroffen, und seitdem waren wir per Du. Gelnhausen ist ja klein (auch wenn Bürgermeister Stolz so etwa einmal wöchentlich das Gegenteil verlauten lässt) und hat leider nur noch zwei Buchhandlungen. In einer der beiden sehe ich Anja im Sommer 2015. Sie versucht zu meiner Verwunderung, von mir nicht entdeckt zu werden, was natürlich nicht gelingen kann, und so muss sie sich fragen lassen (s.o.).

Ihre Antwort nach einigem Zögern: „Du hast ein Buch geschrieben?" Ich war so verblüfft, dass mir erst einmal nichts Gescheites eingefallen ist. Später habe ich ihr dann einen Brief geschrieben und sie an etwas erinnert, was sie schon im Religionsunterricht der Grundschule und vielleicht auch noch einmal während des Studiums gehört haben muss: „Solche Gegenfragen sind sozusagen Lügen von Fortgeschrittenen". Dabei verabscheue ich es doch schon, mir „normale" Lügen anhören zu müssen. Und das u.a. deswegen, weil der/die Lügende mich offensichtlich für beschränkt hält (beim Schreiben merke ich, dass ich mich aufrege. Deswegen fasse ich mich ab sofort wieder möglichst kurz.) Ich war sicher, eine Antwort auf meinen Brief zu bekommen mit der Bitte um

Entschuldigung. Es kam aber keiner. Anfang November habe ich mich folglich noch einmal aufgerafft zu schreiben. Da konnte ich ihr mitteilen, dass sie und ihresgleichen in Opus 2 mindestens erwähnt werden, vielleicht sogar ein eigenes Kapitel bekommen würden. So viel zur Schülerschaft!

Ähnlich kindisch reagieren einige (z.T. schon pensionierte) Mitglieder des Kollegiums. Sie biegen plötzlich in Seitenstraßen ab, wenn sie mich am Horizont entdecken. Sie verstecken sich in Geschäften hinter den Regalen (doch seht Euch vor! Vielleicht habe ich irgendwann einmal Zeit und Lust, mich mit einer Tasse Kaffee und einer Zeitung in das kleine Café neben dem Ausgang zu setzen und auf Euch zu warten. Was macht Ihr dann? Im Laden übernachten? Vedremo!). Manche Menschen kennen mich nicht mehr (erst neulich beim Adventskonzert Bell und Kantack; von weiteren lesen sie in anderen Kapiteln). Und wenn eine Begegnung nicht zu vermeiden ist, erstarrt auch mal jemand vor Entsetzen …

„Man meidet mich und geht mir aus dem Wege", dachte und denke ich da gelegentlich, wusste aber bis vor wenigen Tagen nicht mehr, in welchem Psalm dieser einprägsame Vers steht. Mein derzeitiger Lieblingsschüler hat ihn auf meine Bitte gesucht und gefunden: Psalm 31. – In einer Lutherbibel (revidierte Fassung von 1984) lese ich: „Die mich sehen auf der Gasse, fliehen vor mir" (Vers 12). Als Einwohnerin Gelnhausens werde ich mir diese Version zu eigen machen – und wenn ich den Psalm dann weiterbete, froh und dankbar sein angesichts der Tatsache, dass ich überlebt habe und mich meines Lebens wieder freuen kann.

O sancta simplicitas!

STD Evers findet vermutlich nur seinen eigenen Bestseller gut. Dank der mehrmaligen Erwähnung in „Psychoterror" (auf S. 77 ist übrigens auch er gemeint: Er war der tüchtige Fachbereichsleiter, der noch sooo viel mehr wusste als die Abiturientin ...) ist er seitdem ja auch eine Berühmtheit. Ich sehe ihn äußerst selten, was nicht schade ist. Von einer Begegnung will ich erzählen. Ich war im Sommer 2015 in der Langgasse unterwegs, und genau zwischen Cawolle und der Brentano-Buchhandlung kommt mir Ewers entgegen. Ausweichen kann er nicht, und so bedient er sich des „Trick-Blicks". – Wieder etwas, was außer mir vermutlich alle schon kannten. – Ruckartig schaut er gen Himmel, vielleicht auch nur gen Dachrinne. Automatisch tue ich es ihm – nicht ganz so ruckartig – nach und entdecke dort oben: Nichts (außer Himmel und Dachrinne)! Für ihn reicht dieser kurze Moment, um in der Buchhandlung zu verschwinden. Ich könnte ja nun auch hineingehen und mich z.B. nach den aktuellen Verkaufszahlen erkundigen, aber das mache ich nie und bei so schönem Wetter schon gar nicht. Doch „Ehre, wem Ehre gebührt!" Ich schicke ein Postkärtchen an seine Schuladresse, auf dem ich ihm meine Bewunderung für diesen Trick ausspreche und mich erkundige, ob ich ihn übernehmen dürfe. Einer Antwort hat auch er mich nicht gewürdigt, also dürfte ich wohl. Aber warum sollte ich?

Doch nun zur „heiligen Einfalt"! Am 24.7.2015 sollten meine liebe Kollegin Gisela Becker, Evers und zwei weitere Mascalzoni verabschiedet werden (einer der Namen ist mir entfallen, da lasse ich den anderen auch weg.) „Versehentlich" hatte ich keine Einladung bekommen, wollte aber selbstverständlich bei Giselas Feier nicht fehlen – wie gewohnt modisch-elegant gekleidet und perfekt frisiert (Frau Meyer und Barbara, wer sonst ...). Doch schon am Vorabend wurde mir klar, dass mein Missbehagen bei dieser Veranstaltung größer sein würde als das Vergnügen, und ich beschloss, mir das zu ersparen. Frau Dr. Oestreich hatte – von mir dazu animiert – eigentlich ein paar Worte auf Russisch sagen wollen (es war mir zu meiner Freude gelungen, Giselas Einverständnis zu erreichen. Alle „normalen" Reden hatte sie sich verbeten), hatte dazu dann aber auch keine Lust mehr, als ich ihr erzählt habe, dass ich nicht an der Feier teilnehmen würde. Vielleicht gehe ich am 15.7.2016 wieder einmal hin? Mal abwarten, wer da verabschiedet wird …

Die drei Männer hätten mich nicht dabei haben wollen, so erzählte mir Gisela Becker später, allen voran Evers. Dieser Simpel hat sich also tatsächlich eingebildet, man könne mein Erscheinen verhindern, wenn man mir keine Einladung schickt. Das wusste das Gruselduo schon seit Monaten besser. Deswegen konnte bzw. musste Bell gegenüber Frau Becker großmütig und huldvoll erklären, <u>selbstverständlich</u> könne sie mir eine Einladung schicken lassen.

Postkarten zu versenden ist ja preiswerter, zumal ich sie spaßeshalber manchmal gar nicht frankiere (was müssen Sie da eigentlich immer bezahlen, wenn Sie sie trotzdem lesen wollen und die Annahme somit nicht verweigern können? Hoffentlich recht viel!), aber für Direktor Evers durfte es Anfang Oktober 2015 noch ein Brief sein, weil ich ihm so auch gleich ein paar Visitenkarten mit der Werbung für mein zweites Opus und eine Kopie der Aktualisierung (Dezember 2014) schicken konnte. Und da musste er Folgendes lesen: „… ‚O sancta simplicitas' (= ‚O heilige Einfalt')! … Zu schulischen Veranstaltungen gehe ich selbstverständlich auch oder vielleicht sogar gerade dann, wenn ich keine Einladung bekommen habe. Bell und Kantack wissen das seit geraumer Zeit, und ich finde es fies von denen, dass sie Ihnen nichts gesagt haben. Aber so konnten Sie noch einmal ein mächtiger Unterdirektor sein und die Kollegin Becker gaaanz böse angucken …" – Die passende Briefmarke war schnell ausgewählt: Obelix musste es sein, keinesfalls Asterix.

Das Kultusministerium (Fortsetzung)

Die Landtagswahl 2014 hatte uns eine neue Regierung beschert; seitdem setzen sich die CDU und die Grünen gemeinsam dafür ein, dass es allen Hessinnen und Hessen möglichst gut geht. So hätte ich es jedenfalls gerne. Wozu sonst hatte ich Michael Reul unterstützt (vgl. die ihm gewidmete Passage im Kapitel „Performance")?!
  Es fing ja tatsächlich außerordentlich erfreulich an. Damit auch die Jüngeren unter Euch folgen können, muss ich an Dinge erinnern, die sich vor zehn und mehr Jahren ereignet haben. Da gab es einmal eine Finanzbeamtin und drei Finanzbeamte, die ihre Arbeit so gut und so korrekt gemacht haben, dass sie etlichen Steuerhinterziehern auf die Schliche gekommen sind. Ihr Problem war „nur", dass es sich bei den ertappten Betrügern um ganz wichtige, ganz einflussreiche, hochangesehene Leute handelte. Das durfte nach Ansicht der damaligen Regierung nicht sein! Und so wurden nicht die Steuerhinterzieher eingesperrt und zur Kasse gebeten, sondern die Beamtin und ihre drei Kollegen wurden unschädlich gemacht. Welches probate Mittel gibt es da? Richtig, man ließ sie für geisteskrank („querulatorisch-paranoid") erklären, praktischerweise durch ein- und denselben Gutachter (wahrscheinlich gab es Mengenrabatt, das ist im Finanzressort ja auch wichtig). Dieser Gutachter musste mehr als 200.000 Euro Schadensersatz zahlen, die verantwortlichen Politiker sicher nicht. Warum eigentlich nicht?
  Mitte Oktober 2014 konnte man der Presse entnehmen, dass Vertreter der neuen Regierung die Betroffenen um Verzeihung gebeten haben und dass hinter verschlossenen Türen über Entschädigungen verhandelt wurde (Mitte Dezember 2015 verhandelt man übrigens immer noch …). Das ließ mich neue Hoffnung schöpfen, stand doch auch das Kultusministerium unter neuer Leitung. So bin ich also wohlgemut am 10.12.2014 nach Wiesbaden gefahren, um Herrn Staatsminister Prof. Dr. Lorz mein Buch zu überreichen und ihn zu ersuchen, sich meiner Sache anzunehmen. Der Minister war nicht im Hause. In diesem Falle hatte ich

eigentlich darum bitten wollen, das Buch an ihn weiterzuleiten. Das ging aber leider nun gar nicht, weil ich damit hätte rechnen müssen, dass es den Damen im Landesschulamt in die Finger gefallen wäre. Und die hatten mich ja damals genau so hängen lassen wie das Staatliche Schulamt. Sicher hätten sie „Psychoterror" oder zumindest das sie betreffende Kapitel sofort geschreddert (oder, meine Damen?). Mit einer von ihnen hätte ich sprechen können, aber damit wollte ich meine Zeit nicht verschwenden.

Wieder daheim habe ich ein neues Begleitschreiben verfasst:

„Sehr geehrter Herr Staatsminister, mein Buch darf in Ihrem Haus nicht in falsche Hände geraten (vgl. S. 52–57). Deswegen hätte ich es Ihnen heute Morgen gerne persönlich übergeben. Aber ohne Termin kann das schlecht gelingen.
Meine Anliegen:
2. (!) Möchte ich vom Grimmelshausen-Gymnasium retten, was noch zu retten ist. Es bedarf dringendst neuer Schulleiter!
1. Und erstens macht mir das Schicksal der vier Finanzbeamten Hoffnung ...
Details können Sie dem Buch entnehmen, von dem übrigens in diesen Tagen eine aktualisierte (3.) Auflage erscheinen wird. Zur Beantwortung evtl. Nachfragen stehe ich gerne zur Verfügung.
Mit freundlichen Grüßen"

Und mit diesem Brief ging das Buch wieder auf die Reise, dieses Mal mit der Post. Es sollte auch bei Herrn Prof. Dr. Lorz angekommen sein, da jemand am 12.12.2014 den Rückschein unterschrieben hat (ca. vier Buchstaben, am Ende ein i). Dafür ist frau ja schon dankbar (ich erinnere an die trickreichen und sicher verbotenen Machenschaften des Landesschulamtes). Aber wahrscheinlich kann ein Kultusminister gar nicht alle Bücher von pensionierten Oberstudienrätinnen lesen, mag ihnen auch noch so übel mitgespielt worden sein ... Es kam jedenfalls keinerlei Reaktion. Und falls er es doch gelesen hat, dürfte er spätestens bei S. 54 beschlossen haben, sich auf gar keinen Fall für mich einzusetzen, die ich doch Herrn Tauber, den Generalsekretär der CDU und gerne auch Nachfolger von Kanzlerin Merkel, nicht leiden kann.

(Frau Barthel kam damals in unseren Zeitungen nicht mehr so oft vor, und auch Fotos mit dem Würger musste ich – verglichen mit früher – nur noch sehr selten ertragen. Dafür gab es kaum einen Tag mehr ohne Generalsekretär Dr. Tauber lang und breit. Manchmal habe ich die Artikel auch gelesen. So wurde er in einem Interview gefragt, ob er die Nachfolge von Kanzlerin Merkel antreten wolle. Die Antwort war sowas von schlau! Das Kerlchen wird es noch weit bringen. Oder doch nicht? Im November 2015 konnte man – nicht nur in der GNZ – lesen, seine eben erst eingerichtete Kommission sei bald danach wieder abgeschafft worden.)

In „Psychoterror" schrieb ich unter der Überschrift „Das Landesschulamt": „Ein paar Wochen lang hat es dieses Amt tatsächlich gegeben." Das war 2013 und außerdem ganz falsch, da es dieses überflüssige Amt auch 2014 noch gab, und erst am 25.3.2015 war in der Presse zu lesen: „Aus für das Landesschulamt. Wiesbaden. Das Landesschulamt ist Geschichte. Mit den Stimmen der Regierungsfraktionen von CDU und Grünen wurde gestern im hessischen Landtag das Aus für die erst im Jahre 2012 gegründete Behörde beschlossen ..."

Da frage ich mich doch wieder, was Politiker und Politikerinnen so alles anstellen dürfen, wofür alles sie mein und Ihr Geld zum Fenster hinauswerfen dürfen, ohne dafür belangt zu werden. Der Bund der Steuerzahler fragt sich das offensichtlich auch. Im Juni 2015 hat er vom Kultusministerium Auskunft darüber haben wollen „mit welchen Kosten Gründung, Etablierung und Auflösung des Amtes verbunden gewesen sei." Bis Januar 2016 war noch keine Antwort eingegangen (Gelnhäuser Tageblatt am 8.1.2016).

Doch länger über diese Zustände nachzusinnen, wäre meiner Gesundheit abträglich. Deshalb und zum Schluss dieses Kapitels nur noch ein paar Zeilen von Matthias Trautsch, die am 26.3.2015 auf Seite 39 in der FAZ zu lesen waren: „Manchmal reicht schon das Wort aus, um den Unsinn dessen zu erkennen, das es benennt.

„Schulverwaltungsorganisationsstrukturreformgesetz" hieß vor gut zwei Jahren die rechtliche Grundlage für die Errichtung des Landesschulamtes. Kurz:SchVwOrgRG. Es sollte, wie von einer Initiative der Schlankheitspartei FDP nicht anders zu erwarten, die Dinge vereinfachen. Oder, um es etwas anspruchsvoller auszudrücken, es sollte der Entbürokratisierung der Kultusverwaltung dienen.

Wer seinerzeit vermutet hatte, es würden deshalb Teile der Administration wegfallen, lag ganz falsch. Im Gegenteil: Eine neue Behörde kam hinzu. Zwischen Kultusministerium und die 15 in Hessen verteilten Staatlichen Schulämter wurde noch das Landesschulamt gezwängt. Der Aberwitz drückte sich schon in den flugs eingeführten neuen E-Mail-Adressen aus. Ein Mitarbeiter, beispielsweise im Staatlichen Schulamt für Frankfurt, hatte nun die Anschrift *Max. Mustermann@f.ssa.lsa.hessen.de.* Eine Domain mit fünf Ebenen, das ist rekordverdächtig.

Warum ausgerechnet eine zusätzliche Verwaltungsstufe zu einer Vereinfachung führen sollte, konnte schon damals keiner erklären. Die Kultusministerin, immerhin Mitglied der Partei, die sich die Reform ausgedacht hatte, sagte bloß, wenn das Amt erst einmal richtig zu arbeiten begonnen habe, werde schon jeder erkennen, wozu es gut sei.

Nun ja. Wir wissen, dass es anders gekommen ist. Und erfahren jetzt von der CDU, dass sie schon seit „jeher" Gegner der Zentralbehörde war. Stellt sich die Frage, wie es der FDP damals gelang, das SchVwOrgRG zu verabschieden. Die Liberalen haben schon bessere Zeiten erlebt, aber eine absolute Mehrheit hatten sie noch nie …". Ich habe den Verfasser angerufen (und ihm vermutlich 15 Punkte zugesichert).

Presse, Funk und Fernsehen

Ob ich es in die FAZ geschafft habe, weiß ich nicht. Seit frau in der Bahn kein Gratisexemplar mehr bekommt, lese ich sie nur noch selten. Dagegen hatte ich im Dezember 2015 und nur für kurze Zeit beide Lokalzeitungen abonniert, sowohl das Gelnhäuser Tageblatt als auch die Gelnhäuser Neue Zeitung. Die Lektüre kostete mich einen guten Teil meiner Vormittage, aber sie lohnte sich, denn die Artikel zu vergleichen, war oft höchst interessant und aufschlussreich.

Beginnen wir mit dem Gelnhäuser Tageblatt! Bevor meine Ausbildung zur Clownin ihr jähes und überraschendes Ende finden sollte, wurde uns eines Tages der Besuch von Pressevertretern angekündigt. Doch so schnell konnte ich weder einen Termin bei Barbara bekommen, noch mich von Frau Meyer beraten lassen. Deswegen wollte ich selbstverständlich auch nicht mit aufs Foto, habe aber anschließend die Gelegenheit genutzt, kurz mit dem Abgesandten des Gelnhäuser Tageblattes zu sprechen. Er war mir als früherer Schüler noch in sehr guter Erinnerung, wenn auch nicht direkt wegen seiner stets hervorragenden Ergebnisse z.B. bei den Vokabelarbeiten … „Es kommt auf den Charakter an!" Diese Meinung des Herrn Müller-Lüdenscheid teile ich.

Ein paar Tage später habe ich ihm von der dritten Auflage meines Buches erzählt, die noch nicht lange auf dem Markt war, und offensichtlich sein lebhaftes Interesse geweckt. Natürlich habe ich dabei auch angedeutet, dass die Presse in Gelnhausen vielleicht nicht ganz so frei und unabhängig ist, wie es zu wünschen wäre, aber das konnte der junge Mensch zu dem Zeitpunkt noch nicht nachvollziehen. Er wollte das Buch umgehend lesen, dann nur noch seinen Redaktionsleiter informieren (oder um seine Zustimmung bitten?) und sich bald wieder melden. Doch das war es dann auch schon! Offensichtlich hatte jemand ein Machtwort gesprochen. Schade! Schade! Ich hätte dem jungen Journalisten vermutlich zu einem Pulitzer-Preis verhelfen können. Aber vielleicht klappt das im Jubiläumsjahr 2017, wenn er den Leserinnen und Lesern dieses neue

Werk und seine Verfasserin hat vorstellen und empfehlen dürfen. Von den alten Zeiten am Grimmelshausen-Gymnasium zu erzählen sei ihm gerne gestattet!

Die GNZ ist sehr darum bemüht, Interesse für Neuerscheinungen zu wecken, zumal wenn es sich um Werke von Autorinnen und Autoren aus der Region handelt. Manche dieser Artikel nehme ich nur am Rande zur Kenntnis. Schon aus Zeitmangel kann und mag ich keine Bücher lesen mit Titeln wie z.B. „Purzel – mein bester Freund" oder „Mein Lieblingsauto". Vermutlich sind sie auch recht interessant, aber sicher niemals so spannend und informativ wie etwa „Psychoterror". Doch bei der GNZ hatte ich erst recht keine Chance erwähnt zu werden, was mir anfangs nicht so klar war. Inzwischen hat mir jemand von Taubers exzellenten Beziehungen zu diesem Blatt erzählt. – Also freiwillig werden auch die keine einzige positive Äußerung bezüglich meines Buches machen.

Ich musste sie tatsächlich zwingen, was ich schon beim Schreiben des Nachwortes von „Psychoterror" in Betracht gezogen hatte (bei dessen Lektüre haben vielleicht manche von Euch jungen Leuten gemeint, es sei nun wirklich keine schlechte Idee, dass ich mich angesichts meines fortgeschrittenen Alters für ein Hospiz in unserer Gegend einsetze). Und wie konnte ich sie zwingen? Auf ganz schlaue Art und Weise! Am 21.4. 2015 habe ich dem Förderkreis Hospiz Kinzigtal e.V. 1000 Euro überwiesen. Eine der stets freundlichen und kompetenten Mitarbeiterinnnen in meiner VR-Filiale hat auf dem nach meiner Schätzung mindestens einen Quadratmeter großen Demoscheck gut leserlich vermerkt, dass der Betrag aus dem Erlös meines Buches „Psychoterror" stammte. Rolf Heggen, der Vorsitzende des Förderkreises, ist dann gerne auf meine Anregung eingegangen, die für den 7.10.2015 geplante Übergabe vor dem Sandsteingebäude des Kreisruheheims zu veranstalten, dem Gebäude also, in dem hoffentlich bald das Hospiz eröffnet werden wird. Glücklicherweise hat es an dem Morgen nicht geregnet, so dass ein Schirm überflüssig war und ich mit beiden Händen diesen schönen Scheck festhalten konnte. Am 15.10.2015 war es dann endlich soweit: Christine Feldhaus und ihr Buch bzw. ihre Bücher fanden Erwähnung in beiden Lokalzeitungen! Ich war in jener Woche verreist und vom 23. bis 29.10. gleich wieder. Als anschließend Zeit war, habe ich die damals abonnierte GNZ durchgeblättert und den Artikel nebst Foto entdeckt. Herr Heggen ist entschieden fotogener als ich, da kann ich nix gegen machen. Er hat aber auch mehr Routine! Und auch der Text hat mir ein ganz klein wenig missfallen.

In der Geschäftsstelle des Gelnhäuser Tageblattes durfte ich die ordentlich abgehefteten Oktober-Ausgaben durchsehen, und auch dort fand sich der Bericht in der Zeitung vom 15.10. Ich bat um eine Fotokopie, woraufhin mir ein Gratisexemplar ausgehändigt wurde und am nächsten Tag drei weitere. Nochmals mein Dank an die freundlichen Mitarbeiterinnen!

Tausend Euro sind ja auch ein ganz nettes Sümmchen, und wirklich alle kennen meinen grünen Anorak (er stammt aus einer früheren Epoche, in der dieser Grünton schon einmal beliebt war) – so war ich also in Gelnhausen und Umgebung wieder einmal Gesprächsthema. Übrigens scheinen mich manche, z.B. Herr Futterknecht (inzwischen im Weinkellerchen), nun für reich zu halten, trotz meiner in „Psychoterror" erwähnten relativ kleinen Pension. Schulleiter z.B. oder Bürgermeister verdienen monatlich gaaanz viel mehr Geld. Doch nein! Hier schreibe ich mit Blick auf Gelnhausen korrekterweise nicht „verdienen", sondern „bekommen".

Die Texte habe ich damals nur überflogen und sie erst bei den Vorüberlegungen für dieses Kapitel genau gelesen und verglichen. Damit Sie das auch können, zitiere ich beide Artikel wörtlich – zuerst den aus dem Gelnhäuser Tageblatt. Unter der Überschrift „1000 Euro für Hospiz" liest man:

„Aus dem Erlös ihres Buches ‚Psychoterror' hat Christine Feldhaus, ehemalige Lehrerin am Grimmelshausen-Gymnasium, dem Förderkreis Hospiz Kinzigtal eine Spende von 1000 Euro zukommen lassen. Bei der Übergabe des Spendenschecks an den Förderkreis-Vorsitzenden Rolf Heggen vor dem Kreisruheheim Gelnhausen, wo das künftige Hospiz entstehen soll, kündigte die Autorin ein weiteres Buch mit dem Titel ‚Das war's' für das kommende Frühjahr an. Mit der Spende aus dem Bucherlös summiert sich das gesamte Spendenaufkommen für den im Februar 2014 gegründeten Förderkreis bereits auf einen fünfstelligen Betrag. Dem Förderkreis gehören inzwischen 228 Mitglieder an."

Darüber ein Foto: Im Vordergrund der Scheck, Herr Heggen und ich (in besagtem grünen Anorak), im Hintergrund das bekannte Transparent mit der Aufschrift „Förderkreis Hospiz Kinzigtal".

In der GNZ lautet die Überschrift „Förderkreis hofft auf ‚grünes Licht' für Hospiz". Und dann erfährt man:

„Der Förderkreis Hospiz Kinzigtal hofft schon bald auf ‚grünes Licht' für das geplante Hospiz im Sandsteingebäude des Kreisruheheims Gelnhausen. ‚Wir sind sehr zuversichtlich, dass wir nun bald grünes Licht von der Denkmalschutzbehörde bekommen und der Main-Kinzig-Kreis als Bauherr den Bauantrag bei der Bauaufsicht zur Genehmigung einreichen kann,' sagte Vorsitzender Rolf Heggen kürzlich bei einer Spendenübergabe. Die ehemalige Lehrerin am Grimmelshausen-Gymnasium, Christine Feldhaus, übergab an den Vorsitzenden eine Spende über 1000 Euro aus dem Erlös ihres Buches ‚Psychoterror.' Mit der Spende aus dem Bucherlös summiert sich das gesamte Spendenaufkommen für den im Februar vergangenen Jahres gegründeten Förderkreis Hospiz Kinzigtal bereits auf einen fünfstelligen Betrag. Dem Förderkreis gehören inzwischen 228 Mitglieder an, darunter neben dem Main-Kinzig-Kreis auch neun Kommunen, zahlreiche Kirchengemeinden, Unternehmen, Institutionen wie die Main-Kinzig-Kliniken, Verbände, Vereine, Bundestagsabgeordnete und immer mehr Menschen, die von der segensreichen Arbeit in einem Hospiz voll überzeugt sind. Derzeit bemüht sich der Förderkreis um die finale Abstimmung der bereits mehrfach überarbeiteten Um- und Ausbaupläne für das Kreisruheheim. Das markante Sandsteingebäude in der Holzgasse ist vor über 100 Jahren errichtet worden und war zunächst als Krankenhaus genutzt worden."

Auch hier das gleiche Foto, allerdings mit zwei „winzigen" Unterschieden: Mein schöner Anorak ist plötzlich ergraut, und die Zeile „Gewinn aus dem ersten Buch ‚Psychoterror'" hat leider, leider nicht mehr aufs Bild gepasst. Im Gelnhäuser Tageblatt dagegen war sogar noch Platz gewesen für das untere weiße Feld, das Unsereins „nicht beschriften und bestempeln" darf. Dessen Leserinnen und Leser wussten jetzt nach einem Blick auf das Foto (auf dem Scheck steht „erstes Buch") und nach der Lektüre des Artikels, dass sie sich auf den nächsten Bestseller aus meiner Feder freuen dürfen. Und die bedauernswerte Leserschaft der GNZ? Sie konnte sich über meinen <u>grauen</u> Anorak wundern, „grün" war jetzt das Licht (gleich dreimal!), und mein Name war äußerst raffiniert in einem todlangweiligen Text versteckt. Das neue Buch wird erst gar nicht erwähnt, dafür wird gelogen: Was Herr Heggen bei der Scheckübergabe gesagt haben soll, hat er durchaus <u>nicht gesagt</u>. Ich muss es wissen, ich war dabei!

Durch diese Spende hatte ich ja nicht nur berühmt werden, sondern auch ein wenig Reklame machen wollen, obgleich die nicht wirklich nötig ist. Also warum wollten die von der GNZ das verhindern? Mit manchen Dingen muss ich mich ja nicht auskennen, aber ich könnte mir vorstellen, dass diese Herrschaften schon seit geraumer Zeit so eine Art „Softwähr" (oder wie man das nennt) einsetzen, die Alarm schlägt, wenn z.B. einer der sonst willkommenen Leserbriefe von mir ist oder wenn man mich notgedrungen in einem Artikel erwähnen muss.

Aber warum? Ganz einfach! Positive Aussagen über meine Wenigkeit würden ganz und gar nicht zu der üblichen Hofberichterstattung über den Herrn Professor Doktor und seine getreue Gefolgschaft passen und sind deswegen sicher strengstens untersagt. Sie wollen ein Beispiel? Gerne! Vermutlich Ende November 2015 war es, als der Verein „Freunde und Förderer der Gelnhäuser Stadtrechtsfeier" zur Jahreshauptversammlung zusammenkam. Am 3.12. in der GNZ ein riesiges Foto (in Farbe!), auf dem fünf Personen zu sehen sind, u. a. Morten Pfeifer (Hand in der Hosentasche geht eigentlich gar nicht, aber wer soll das dem jungen Mann sagen? Achten Sie mal auf die Wahlplakate der CDU!), Thorsten Stolz und David Lupton. Die Bildunterschrift lautet: „Freut sich über den großen Erfolg …: Der Vorstand" … Wer nicht auch das Gelnhäuser Tageblatt liest, konnte nur diese schönen wichtigen Männer bewundern und sie abends voll Dankbarkeit für ihr unermüdliches, selbstloses Engagement in sein Nachtgebet einschließen.

Am selben Tag war jedoch dem Gelnhäuser Tageblatt zu entnehmen, dass „der Vorstand" nicht aus fünf Personen besteht, sondern aus zwölf (!) und dass Lupton und Pfeiffer (hier mit drei f – Heinz Rühmann fand ich sympathischer) nur zu den Dabeisitzern gehören. Ein Foto blieb uns auch erspart. – Mein Abonnement der GNZ hatte ich ohne Angabe von Gründen gekündigt, bekam sie aber „gemäß unseren Vertragsbedingungen" noch bis zum Jahresende geliefert, was ich nachträglich natürlich sehr gut fand, weil es mir sonst nicht eingefallen wäre, immer mal wieder solche Vergleiche anzustellen.

Andere Zeitungen (in meinem Fall die FAZ und die Rundschau) interessieren sich dafür, was zu einer Kündigung geführt hat – nicht so die GNZ. Sicher wollen sie es lieber gar nicht wissen, aber sie müssen! Weil sie nämlich das Gelnhäuser Tageblatt lesen (Tatsächlich! Ich habe es im GNZ-Gebäude liegen sehen) und darin demnächst ein Foto von mir entdecken werden: Grüner Anorak und in den Händen einen XXXL-Spendenscheck und/oder das neue Buch. Vielleicht darf mich sogar der oben erwähnte junge Kollege interviewen?

Jetzt bin ich bald fertig mit diesem Kapitel, möchte aber noch erwähnen, dass ich mich bei der Lektüre des Gelnhäuser Tageblattes natürlich auch oft aufrege. Haben Sie z.B. zufällig noch die Ausgabe vom 5.12.2015 im Haus? „Gesichter des Ehrenamtes" – Sechs Männer werden vorgestellt und wieviele Frauen? Keine einzige! Und dass der von mir geschätzte Herr Kauck einer dieser Männer ist, kann meinen Zorn nicht mindern. Ich hab' den sehr geehrten Herren gleich hochachtungsvoll eine Karte geschickt (frankiert, da können sie schon froh sein …) und gefragt, ob auch Frauen ein solches Amt übernehmen dürfen und wo ich mich bewerben könnte. Noch bekam ich keine Antwort, aber die Herren sollten sich bald dazu aufraffen, sonst bringen die Postzustellerinnen auch ihnen demnächst unfrankierte Karten.

Damit soll es genug sein! Funk und Fernsehen lasse ich mal unerwähnt und wende mich dem nächsten Kapitel zu.

Wie ich einmal Clownin werden wollte ...

Gleich nach meiner Pensionierung hatte ich den Besuchsdienst in Altenheimen als ein neues Betätigungsfeld für mich entdeckt. Zuerst habe ich mich ein wenig um Frau Schmidt (ein Pseudonym) im Haus Ysenburg in Meerholz gekümmert, die aber dann schon bald auch ohne mich bestens zurecht kam – dank ihres neuen Elektrorollstuhls. Im hiesigen Kreisruheheim jedoch konnte und kann man mich auch gut gebrauchen. „Sie schickt uns der Himmel", sagte Frau Pucher, als ich mich bei ihr vorgestellt habe (so etwas hört frau doch gerne und auch nicht alle Tage). Ihre Begeisterung rührte daher, dass dringend jemand gesucht wurde, der mit Signor Teodoro M. Italienisch sprechen sollte. Da musste man mich nicht lange bitten ...

Aber in den eben erwähnten und anderen mir bekannten Einrichtungen kann weitere Aufmunterung jeder Art nicht schaden. Offenbar wird das auch in der evangelischen Kirche von Kurhessen-Waldeck so gesehen, die eine Langzeit-Fortbildung „Clown/Clownin im Altenheim" anbot, praktischerweise in Gelnhausen. Das Konzept sagte mir sehr zu. Im Infoblatt stand „Die Clownin ist frei von Konventionen. Sie begegnet den Menschen direkt und voller Gefühl .... Der Clown ist nicht perfekt. Vieles geht ihm daneben, er scheitert und versucht es trotzdem unermüdlich aufs Neue. Das erleichtert und inspiriert nicht nur die Bewohnerinnen: auch Angehörige und Pflegende entspannen sich durch seinen Besuch.

Unsere Clowns sind Begegnungsclowns! Sie gehen in die direkte Begegnung mit den Menschen, statt eine Vorführung zu machen. Ihre Besuche gestalten sie immer zu zweit. Vor- und Nachbereitung der Besuche werden dadurch intensiver. Zu zweit kann man sich besser die Bälle zuspielen und entwickelt spontan mehr Spielideen. Denn in einem Altenheim ist viel los!

Die Clowns im Altenheim erfahren ... etwas über den biografischen Hintergrund der einzelnen Menschen, die sie besuchen ... In unserer

Ausbildung nehmen wir – anders als andere Anbieter – die spirituelle Ebene hinzu. Lieder und biblische Elemente werden ins Spiel gebracht – Evangelium als Frohe Botschaft im direkten Wortsinne erlebbar."

Der Kurs erstreckte sich über mehr als ein Jahr und war für Menschen, die den ganzen Betrag aus eigener Tasche zahlen mussten, auch nicht gerade billig. Aber „Man gönnt sich …". Der „Schnuppertag" im Juli 2014 war zwar sehr anstrengend, hat mich aber total begeistert, und ich habe mich umgehend angemeldet.

Vom 17. bis 19.11. 2014 dauerte der erste Kursabschnitt. Die Tage waren nicht weniger anstrengend, im Gegenteil! Aber ich habe sie genossen – nicht zuletzt wegen der anderen Teilnehmerinnen und Teilnehmer. Viele kannte ich schon vom Schnuppertag. Bei ihnen und den neuen handelte es sich ausnahmslos um sehr sehr liebe Menschen. Vor allem ihretwegen würde ich gerne weitermachen, habe ich in der Schlussrunde gesagt. Irgendwann haben wir beim Essen über das gute Miteinander in der Gruppe gesprochen und waren uns über den Grund dafür einig: eine solche Ausbildung macht kein Mascalzone. Danke, Julia, Uwe, Klaus, Dieter, Anne, Karl, Sabine, Anette, Luzie, Kerstin, Roswitha, Heike, Hiltrud, Karin und Mariete! Danke!

<u>Eine</u> Schwierigkeit gab es jedoch für mich (und offensichtlich nur für mich), und die heißt „Gromolo". Eine Clownin spricht – wenn überhaupt – nur „Gromolo". Laut Wikipedia handelt es sich dabei um „eine Art der Spielsprache, die aus einer Aneinanderreihung von fantasievollen, doch sinnlosen Buchstaben und Wortfolgen besteht." Mein Problem ist Euch einsichtig, oder? <u>Ich</u> sollte sinnlose Buchstaben und Wortfolgen von mir mir geben, ausgerechnet ich! Diese Hürde hat mir zunächst viel Kopfzerbrechen bereitet …

Irritiert hat mich der Ton, in dem eine der drei Kursleiterinnen, Pfarrerin Dr. Mattiä, mich gebeten, nein, aufgefordert hat, mich nicht so wichtig zu nehmen und die Gruppe nicht weiter mit meiner Situation im Allgemeinen und „Psychoterror" im Besonderen zu behelligen. Ich fand nicht, dass ich jemanden behelligt hatte, habe aber keine Widerworte gegeben und das Buch nur noch ganz diskret an Interessierte weitergereicht. Abschließend sollten wir auf einem Fragebogen darüber Auskunft geben, ob wir zufrieden waren etc. Ich war sehr zufrieden (übrigens auch mit dem Essen!) und habe mich auf den zweiten Kursabschnitt gefreut.

Der fand vom 26. bis 28.1.2015 statt, wieder im hiesigen Hotel Babalou. Im ersten Abschnitt hatte ich dort auch übernachtet (mir war vorgelogen worden, die beiden Leiterinnen, die wie ich in Gelnhausen wohnen, täten das ebenfalls …), weil ich das gemütliche Beisammensein nach getaner Arbeit nicht verpassen wollte.

So hatte ich mir den Ausklang der einzelnen Tage jedenfalls vorgestellt, aber weit gefehlt! Nach dem Abendessen war noch lange nicht Schluss, sondern es wurde (gefühlte) fünf Stunden weitergearbeitet. Das Zimmer brauchte ich also nicht mehr, sondern bin müde, aber glücklich die Ruhe genießend heimgelaufen. Leider hat mir während dieses zweiten Abschnitts eine Erkältung schwer zu schaffen gemacht. Ich war nur begrenzt aufnahmefähig und konnte auf dem zum Schluss wieder ausgeteilten Fragebogen keine gescheiten Antworten geben, wofür ich schriftlich um Nachsicht gebeten habe. Trotzdem kann ich von einem grandiosen Erfolg mit meinem Gromolo erzählen, weil mir nämlich noch rechtzeitig eine Idee gekommen war.

Als Dieter und ich an der Reihe sind, uns der Gruppe zu präsentieren, hört sich meine Sprache etwa so an: „Ga Ga Galli? Galli, a! E e e est! Omni omni nis? Div div divi …" Ich bin ganz auf mein Caesar-Gromolo konzentriert und deshalb nicht in der Lage, auf das Publikum zu achten, aber spätestens bei „qua qua quarum" oder „ali ali" bemerke ich, dass zumindest die zahlreichen des Lateinischen kundigen Theologinnen und Theologen sich schlapp lachen, allen voran Dr. Mattiä.

Das war ein höchst vergnügliches Erlebnis in diesem zweiten Kursabschnitt, und gleich danach habe ich Pläne für den dritten geschmiedet: Nicht mehr Caesar wollte ich zitieren, sondern lateinische Sprichwörter, z.B. „Gutta cavat lapidem non vi, sed saepe cadendo" oder „Pecunia non olet." Und ich würde die Lateinerinnen und Lateiner scharf im Auge behalten! Caesar kann schließlich jede und jeder …

Der nächste Abschnitt war für den 16. bis 18. März 2015 angesetzt. Ich hatte auch pünktlich bezahlt, nur dummerweise in den turbulenten Tagen und Wochen, die ihm vorausgegangen waren, nicht darauf geachtet, mir diesen Zeitraum freizuhalten. So hatte ich andere Termine wie z.B. den kugelrunden Geburtstag von Frau Krebs, die ich nicht mehr absagen oder verlegen konnte, und musste zu meinem großen Kummer leider pausieren. An einem Tag war ich jedoch plötzlich und unverhofft dabei, am Dienstag, den 17.3. auf einem meiner Wege durch die Stadt.

Das erste Zweier-Team entdecke ich dank der roten Nasen schon von fern: Kerstin und Uwe sind gerade auf dem Rückzug aus dem kleinen italienischen Restaurant in der Röthergasse. Und ich kann vor lauter Lachen nicht weiterfahren, selbst wenn ich es wollte. Stattdessen steige ich vom Rad, und wir führen eine angeregte Unterhaltung. Die beiden auf Gromolo, ich auf Deutsch. Aber leider drängt die Zeit, und ich muss weiter. Ein Team wird derweil von Rosmarie Beeck im Kino gesichtet, die restlichen unterhalten sich selbst und die Bevölkerung Gelnhausens auf dem Obermarkt. Ich geselle mich mal hier mal dort dazu, lache Tränen und amüsiere mich köstlich.

Wer „Psychoterror" gelesen hat (Hat es jemand nicht gelesen?), wird verstehen, warum ich wiederholt darauf hingewiesen habe, dass ich eigentlich in solcher Gesellschaft nicht gesehen werden darf und direkt vor dem Rathaus schon gar nicht. Man gilt schließlich schnell als ein Fall fürs Narrenhaus ... –

Ein paar Meter entfernt stehen ein kleines Mädchen, das von unseren Albernheiten offensichtlich fasziniert ist, und Pfarrerin Dr. Mattiä, die mich zu meiner nicht geringen Verwunderung ganz grimmig anguckt. Ich überlege noch, warum man sich nicht unterhalten darf. Schließlich sind die Teams doch aus dem Hotel in die weite Welt geschickt worden. Aber ich muss weiter. Ich verspreche noch, beim nächsten Mal wieder dabeizusein, worauf alle mit Begeisterung (auf Gromolo!) reagieren, und mache mich wieder auf den Weg.

Das war an einem Dienstag. – Und nun können Sie sich vorstellen, wie verblüfft, nein, sprachlos (Ich! Sprachlos!) ich war, als am Freitag, also nur drei Tage später, Pfarrerin Y vor meiner Wohnungstür stand (wir wohnen im selben Haus), unbedingt hereinkommen wollte und mir von Pfarrerin Dr. Mattiä ausrichten sollte, sie halte mich für ungeeignet und ich dürfe bei der Fortbildung nicht mehr mitmachen. Das merkt Euch jetzt gut: <u>Pfarrerin Dr. Mattiä</u> hält mich für ungeeignet. Außerdem wollten einige aus der Gruppe mich nicht länger dabeihaben. Das wusste

ich ja nun besser, aber ich hatte nicht die Kraft, mich zu widersetzen. Doch was hätte es genützt?[3]
Interessant war der sich anschließende Briefwechsel. Am 24.3.2015 schrieb ich an die „Fachstelle zweite Lebenshälfte" (z.H. Pfarrerin Y):

„Sehr geehrte ..., am Freitag war ich, wie gesagt, ziemlich krank und konnte nicht angemessen reagieren.
Inzwischen kann ich wieder nachdenken – mit dem Ergebnis, dass ich meine bzw. Ihre Kündigung/meinen Rauswurf und deren Begründung zunächst einmal <u>schriftlich</u> haben möchte. Mit freundlichen Grüßen ...".

Und wieder hatte ich das teure Porto für ein Einschreiben mit Rückschein bezahlt. Dass ein solcher Luxus auch nichts nützt, hatte ich wohl verdrängt. Eine „Antwort" kam prompt:

„Datum 25. März 2015. Sehr geehrte Frau Feldhaus, liebe Christine, nach eingehender Beratung im Leitungsteam sind wir nach dem dritten Kursabschnitt zu dem Ergebnis gekommen, dass wir Dich von dem Vertrag zur Langzeitfortbildung „Clown/Clownin im Altenheim" entbinden.
Hiermit bestätige ich, nach der mündlichen Auflösung in unserem Gespräch am 20.3.2015 schriftlich die Auflösung des Vertrages ... damit einhergeht, dass ab dem vierten Kursabschnitt keine weiteren Teilrechnungen von Seiten des Referates oder des Tagungshauses gestellt werden.
Gerne erläutern wir Dir die Gründe in einem persönlichen Gespräch, wenn Du das wünschst. Gisela und ich hätten z.B. am Freitagnachmittag Zeit. Mit freundlichem Gruß ...". (Nun also das Leitungsteam! Ob sie Gabi Erne wenigstens informiert haben?)

---

[3] Meiner Freundin Lisa Fliß habe ich damals die ganze Geschichte erzählt, und genau an dieser Stelle war ihr alles klar. Euch auch schon? Für die, die nicht solche Blitzmerker sind, steht die Lösung des Rätsels im Kapitel „Weiteres vom Würger".

In einem Schreiben, das ich am 27.3.2015 in Pfarrerin Ys privaten Briefkasten stecke, wiederhole ich, dass ich die Begründung <u>schriftlich</u> haben möchte; außerdem verlange ich das Geld zurück, das ich für den dritten Kursabschnitt bezahlt hatte.

Und dann vergingen die Tage. Ich hatte eine wunderschöne Zeit in Salzburg und konnte dort Ostern feiern, ohne an unangenehme Menschen in und um Gelnhausen denken zu müssen. Weiter geht es am 8.4.: Ich treffe Frau Y im Treppenhaus und spreche sie auf mein Schreiben vom 27.3. an. Sie: Sie möchten lieber mündlich und so weiter und so fort. Ich: „<u>Ich</u> <u>will</u> die Auskunft schriftlich." Pfarrerin Dr. Matiä ist offensichtlich verreist und kann in meiner Sache erst am 14.4. aktiv werden. Gegen 14:30 und gegen 19:30 Uhr hinterlässt sie auf meinem Anrufbeantworter, Kommunikation sei doch manchmal recht kompliziert, wir könnten uns doch mal treffen und miteinander plaudern, Zeit habe sie beinahe immer, ich möge bitte zurückrufen. Ähnliches Gewäsch muss ich mir noch einmal am 16.4. von ihr anhören. Am selben Tag schrieb mir Pfarrerin Y, sie habe eben erst eine Mitteilung vorgefunden, sie könne, wenn sie wieder in Hanau sei, bei der dortigen Post ein Einschreiben abholen, das vermutlich von mir sei.

Ganz offensichtlich ist Dr. Mathiä die Chefin oder führt sich als solche auf. Jedenfalls lässt sie, nachdem sie über die brenzlige Lage informiert worden ist, umgehend Frau Y mit der Hand folgenden unsäglichen Brief schreiben und mir, weil ich nicht daheim bin, vor meine Wohnungstür legen. (Den Abend verbringe ich mit Emil, meinem schon aus „Psychoterror" bekannten ersten Leibwächter, im „Löwen", um ihn für den 24.7. 2015 zu engagieren.)

„Gelnhausen, den 16. April 2015. Liebe Christine, gerne möchte ich mich bei Dir für mein Verhalten Dir gegenüber entschuldigen. Mein Vorgehen war nicht fair. Ich habe Dir keine „Vorwarnung" gegeben, mit der Du Dich dann nochmal neu auf die Situation hättest einstellen können. Das tut mir Leid. Ich weiß, der Kurs hat Dir Freude gemacht. Wir haben aber auch die Grenzen gesehen im Blick auf das Clownsspiel. Wir möchten Dir weiterhin anbieten, dass Gisela mit Dir über unsere Beweggründe spricht. Es grüßt …".

Dieser Brief macht mich so wütend, dass ich am späteren Abend Pfarrerin Dr. Matthiä persönlich anrufe: „Sie sollten sich schämen, wie Sie Ihre Kollegin benutzen! Pfui Teufel!" (Zu dieser Erkenntnis war ich selbst gekommen, Frau Y. hatte nichts verraten und sich nicht von Dr. M. distanziert.)

Viele von Euch haben das auch schon erlebt: Wir telefonieren, verabschieden uns schließlich, und nach drei oder zehn Minuten rufe ich bereits wieder an. So war es an diesem Abend auch. Ich hatte noch ein paar nette Einfälle gehabt, mit denen ich sie gerne geärgert und/oder in Verlegenheit gebracht hätte, aber die Dame war für mich nicht mehr zu sprechen. Nachträglich war ich direkt dankbar dafür (nicht ihr!), weil ich mit derart aufregenden Dingen ab mittags möglichst nichts mehr zutun haben möchte.

Doch nun war guter Rat wohl teuer und auch nicht so schnell zu ersinnen. Erst am 21.4.2015 kam der nächste Brief mit dem Datum desselben Tages, und endlich, nach vier Wochen, erhielt ich die verlangte schriftliche Antwort:

„Liebe Christine, weil es Dir so wichtig ist, eine schriftliche Begründung für die Auflösung des Vertrages zu bekommen, möchte ich das heute nachholen.
Uns war in den vorhergehenden Kursabschnitten bereits aufgefallen, dass Du immer einmal wieder an Deine Grenzen gekommen bist (z.B. beim Gromolo)." – Unglaublich, oder? – „Gisela hat versucht, Dir hier Brücken in den Übungen und den Improvisationen zu bauen. Nach dem zweiten Kursabschnitt hattest Du uns einen leeren Rückmeldebogen hinterlassen. Nun kam es zu diesem Zusammentreffen während Deiner Abwesenheit im dritten Kursabschnitt in der Oberstadt. Die ersten öffentlichen Versuche Deiner Kolleginnen und Kollegen in der Oberstadt haben Dir und uns eine Grenze deutlich gemacht, wenn Du mit dieser Übung das Wort „Irrenhaus" assoziierst und dies mehreren Personen so sagst.
Uns hast Du damit deutlich gemacht, dass es Dir sehr schwerfallen würde, diese Grenze zu überschreiten. Im Fortschreiten des Kurses werden wir immer mehr solcher gesellschaftlicher Grenzen überschreiten, denn das ist die Rolle des Clowns. Wir werden dies auch in der Gelnhäuser

Öffentlichkeit weiter einüben. Im nächsten Kursabschnitt wird es einen Ausflug im Kostüm in die Stadt geben. Aus Respekt vor der Grenze, die Du sehr deutlich formuliert hast, können wir Dich nicht weiter im Kurs schulen. Das heißt nicht, dass Du nicht im Altenheim aktiv sein kannst, denn es ist sicher eine gute beiderseitige Erfahrung, wenn Du dort Besuche machst.
Es ist mir wichtig, dass Du weißt, dass die Entscheidung, den Vertrag zu lösen, nach langem eingehendem Nachdenken von uns drei Kursleiterinnen gemeinsam getroffen wurde und von mir auch weiterhin mitgetragen wird.
Ich bedauere sehr, dass wir keinen besseren Weg gefunden haben, dies mit Dir zu klären.
Es grüßt …".

Inzwischen hatte ich Rachegelüste – trotz Röm 12,19: „Mein ist die Rache …", und obgleich ich mir noch im März Gedanken darüber gemacht hatte, wie wir gemeinsam (Dr. Matihä, Pfarrerin Y. und ich) etwas gegen diese Obrigkeit unternehmen könnten.

Der nächste Kursabschnitt stand bevor, ich hatte (und habe!) die anderen Azubis ja sehr gerne, so kam mir die Idee, für Anette aus dem Freigericht, mich und die, die der weiten Entfernungen wegen schon am Vorabend anreisen, ein kleines Programm auszuarbeiten, das u.a. eine Stadtführung enthalten sollte. Von Uwe erfuhr ich jedoch, dass er und Heike am Sonntag zuerst zu einer Konfirmationsfeier fahren wollten und deswegen sehr spät in Gelnhausen eintreffen würden. Jammerschade! Ich wusste aber nun, dass für die ganze Gruppe eine solche Führung auf dem Programm stand. Noch vor Erhalt des eben zitierten Briefes schrieb ich also an Pfarrerin Y., ich würde mir die schriftliche Begründung irgendwann in der folgenden Woche im Hotel Babalou abholen. Und weiter:
„Was die Gruppe gegen mich hat, können sie mir dann direkt sagen. Das ist doch besser. Die Stadtführung (ich hatte dieselbe Idee für alle, die schon Sonntag anreisen, und für Anette) mache ich dann auch mit. Dienstag ist richtig? Bis bald, Christine".

– Gut, oder? –

Wie gerne wäre ich dabei gewesen, als Pfarrerin Dr. Maddiä diese Hiobsbotschaft übermittelt wurde. Ob das schlichte „Oh!" der versierten Clownin gereicht hat? Oder hat sie einen Tobsuchtsanfall bekommen? Oder einen Weinkrampf? Das würde ich zu gerne wissen …
Aber jetzt wollen Sie sicher keine alten Briefe mehr lesen. Ich habe auch keine Lust mehr, einer muss jedoch noch sein!
Amtliches Briefpapier der evangelischen Kirche, Fachstelle zweite Lebenshälfte, Datum 24. April 2015.

„Liebe Christine, es kann sein, dass sich unsere Briefe am Dienstag überschnitten haben. Deine Worte und Reaktionen an uns zeigen uns Deine Verletzung und Betroffenheit."

– Vielleicht sollte ich eine Langzeitfortbildung zur Schauspielerin machen? Auch dazu habe ich offenbar Talent! –

„Das berührt uns sehr und tut uns Leid. Du hast Dir von uns eine schriftliche Begründung gewünscht. Ich hoffe, dass Dir die Begründung, die ich Dir am Dienstag gegeben habe, weitergeholfen hat.
Mir ist wichtig, dass Du weißt, dass die Gruppe mit der Entscheidung nichts zu tun hatte. Du schriebst: ‚Was die Gruppe gegen mich hat.' Ich möchte betonen, dass es überhaupt nicht darum ging, ob die Gruppe oder wir etwas gegen Dich haben könnten, was auch nicht der Fall ist."

– „Auf ein Mal", kann ich hier nur anmerken – wie Evelyn Hamann in Loriots „Geigen und Trompeten" –

„Für die Entscheidung war einzig von Bedeutung, dass eine Grenze in der Clownsarbeit sichtbar geworden ist, die ein Weitergehen im Kurs aus unserer Sicht nicht möglich macht …
Für den Fall, dass Du mit uns den Dienstagabend in entspannter Runde verbringen und Dich von der Gruppe verabschieden möchtest: Der Treffpunkt für die Führung ist am Rathaus um 19:30 Uhr …"

„Verabschieden" wollte ich mich ja durchaus nicht. Und hatte auch keine Lust, mir den Abend durch Dr. Madhiä verderben zu lassen. Deshalb habe ich es vorgezogen, mit einer Freundin Essen zu gehen, wie es schon lange verabredet war. Ende der Korrespondenz!

Mehr als angebracht wären ja ein paar Zeilen von Pfarrerin Dr. Matiää höchstpersönlich gewesen ... Vielleicht kann sie gar nicht schreiben? Aber vermutlich ist sie nur genauso raffiniert wie die in „Psychoterror" erwähnten Mascalzoni.

Der Rest ist schnell erzählt: Am 3.6.2015 habe ich Frau Y. mitgeteilt, dass es in meinem neuen Buch ein Kapitel mit dem Titel: "Wie ich einmal Clownin werden wollte" gibt.

Frau Dr. Madiä traf ich ein paar Tage später direkt vor meinem Lieblingsmodehaus Hoppe. Ich hatte sie gar nicht gesehen, geschweige denn erkannt – so ohne rote Nase –, aber dennoch grüßt sie mich mit einem extrem fröhlichen „Hallooo" (wie Sabine Hartmann). Muss ich darauf antworten? Nee! – Mein Weg führt mich hinauf zum Obermarkt; ich setze mich dort zu einigen Freundinnen und freue mich meines Lebens im Allgemeinen und über das Konzert verschiedener Chöre im Besonderen. Das ist jetzt Pech für Frau Dr. Mattiäh, die irgendwann um die Ecke biegt und mich sozusagen mitten auf ihrem Heimweg thronen sieht. Sie bleibt stehen, ich ignoriere sie, und irgendwann traut sie sich dann, an mir vorbeizuschleichen.

Solche und ähnliche Begegnungen, von denen in anderen Kapiteln zu lesen ist, sind der Grund dafür, dass ich mich in unserer „Wohlfühlstadt" nicht immer wohlfühle, aber ich bleibe hier! Andere können gerne wegziehen!

Und Bürgermeisterin

Während ich dieses Kapitel geschrieben habe, standen vier Vorhaben auf meiner Agenda, von denen eines erledigt sein wird, wenn Sie das Buch in Händen haben. Da blieben nur noch drei:

- keine Rundfunk- und Fernsehgebühren mehr bezahlen
- ein theologisches Forschungsprojekt initiieren
- und Bürgermeisterin von Gelnhausen werden.

<u>Dieser</u> Bürgermeister muss weg; das meinen inzwischen viele. Fragt/fragen Sie z.b. Hessens besten Taxifahrer, Herr Kimmig (der andere ist Herr Rana; bei den Fahrerinnen ist die Rangfolge gleichgeblieben, vgl. in „Psychoterror" das Kapitel „Geisteskrank [2. Versuch]").

Und es gab zahlreiche sehr gute Gründe, mich als seine Nachfolgerin zu wählen! So war ich deutlich älter als 18 Jahre und hatte auch schon lange meinen Führerschein. – Falls das jemand nicht mitbekommen hat: seitens der jungen Union (oder sind es die Jusos?) wird angestrebt, das Mindestalter für Bürgermeisterinnen und Bürgermeister auf 18 Jahre herabzusetzen. Da wird dann also jemand, der oder die womöglich noch zur Schule geht, von den grauen Eminenzen im Hintergrund aufgestellt und von der Bevölkerung gewählt nach dem Motto „Jung ist immer gut!" Und die Eltern oder Opa und Oma könnten dann z.B. drohen: „Wenn Du nicht tust, was wir wollen, bezahlen wir Dir den Führerschein nicht. Und Deine Wäsche wirst Du dann auch selbst waschen müssen!" Da erschrickt mancher junge Mensch doch fast zu Tode.

Ferner bin ich keine geborene Gelnhäuserin, was ich für sehr wichtig hielt, wohne aber schon seit 1978 hier und bin am Schicksal unserer Stadt sehr interessiert und auch gut informiert. Infolgedessen hatte ich an allen hiesigen Parteien winzige Kleinigkeiten auszusetzen und wollte deshalb als unabhängige Kandidatin antreten.

Und nicht zuletzt: Ich war und bin geistig und körperlich in allerbester Verfassung. Pia J. und ihr Team hatten sich weiterhin sehr um mich verdient gemacht, und die paar Knochenbrüche sind auch nicht der Rede wert (Zuletzt war es eine Rippe. Mein geldgieriger, frecher und verlogener Vermieter, von dem im Kapitel „Exkurs" zu lesen ist, lässt nämlich meine bzw. seine Wohnung immer weiter verkommen, und so hatte ich mich notgedrungen über das Geländer gelehnt, um einige Wildgewächse zu jäten, die mir, wenn ich auf dem Balkon gesessen habe, die Sicht auf den Spessart versperrten. Das wahr zu viel für diese Rippe. Seitdem darf alles wachsen, wie es will, und wenn ich den Spessart sehen möchte, stelle ich mich halt hin. Das ist sowieso gesünder bzw. weniger schädlich).

Mein Plan war, das Amt ein bis zwei Jahre lang auszuüben und dann den Platz für eine jüngere Person (aber deutlich älter als 18!) freizumachen. In der Zeit hätte ich ganz viel Geld verdient und hätte mir deswegen z.B. im Ausländeramt nicht noch einmal sagen lassen müssen, nun könne ich keine weitere Verpflichtungserklärung abgeben, weil im Ernstfall bei mir nichts mehr gepfändet werden könne. Im Vorgriff auf den zu erwartenden Reichtum bin ich einige Zeit <u>jede Woche</u> in Martinas Haarstudio gegangen und habe mich dort von Barbara frisieren lassen. Nebenbei hat sie mir manchen guten Tipp in Versicherungs- und Reiseangelegenheiten gegeben.

Nach dem zu erwartenden Wahlsieg wollte ich mich bei den tüchtigen Mitarbeiterinnen und Mitarbeitern vorstellen (ohne sie kann man die Geschicke einer Stadt nicht gut lenken) und gemeinsam mit ihnen zum Wohle Gelnhausens tätig werden. Es hätte viel zu tun gegeben! Es hätte sogar sehr viel zu tun gegeben! Mehr als ich an einem Acht-Stunden-Tag hätte schaffen können ... Das war mir irgendwann und zum Glück rechtzeitig klargeworden, woraufhin ich meinen Wahlkampf umgehend eingestellt habe. Ein Acht-Stunden-Arbeitstag ist nicht das, was ich noch haben will. Und schier endlose Versammlungen, bei denen womöglich Bier getrunken wird, auch nicht.

Ich hatte ja schon geeignete Personen für die Nachfolge gesucht und gefunden (vgl. „Psychoterror", Anmerkung 123). Leider hat sich der ins Auge gefasste Kandidat (CDU-Mitglied, von meinen Plänen wusste er nichts) inzwischen selbst disqualifiziert. – Und die von mir favorisierte

Kandidatin (kein CDU-Mitglied, im Gegenteil!) hat mir im November 2015 zu meinem großen Bedauern definitiv abgesagt. Es gebe noch soviel Schönes zu tun ... Wer wollte ihr da widersprechen? – Dr. Sebastian Haude habe ich erst neulich für eine Kandidatur zu gewinnen versucht, doch er will ebenfalls nicht (diesen sehr guten Lehrer gönne ich ja auch den Schülerinnen und Schülern am Grimmelshausen-Gymnasium, aber Gelnhausen ist in einer Notlage und muss gerettet werden). So suche ich weiter. Interessierte können sich gerne bei mir melden.

Die Killertaube

Schon in „Psychoterror" sollte es dieses Kapitel geben, nicht zuletzt deswegen, weil mir die Überschrift so gut gefällt. Ich hatte mich dann aber dagegen entschieden. Und hier müssen zwei Andeutungen reichen: Ich mache z.B. vor Schrecken keine Luftsprünge mehr, wenn es an der Tür klingelt (Salve Vincent!) oder wenn das Signal meiner Eieruhr ertönt. Und ich habe keine Angst mehr, wenn ich zum Briefkasten gehe, um nachzusehen, ob Post gekommen ist. Mehr schreibe ich nicht über meinen Gesundheitszustand in den vergangenen Jahren. Die Mascalzoni sollen sich nicht heute noch darüber freuen können, wie krank sie mich damals gemacht haben. Aber bei Interesse können Sie mich gerne fragen, was es mit dieser Killertaube auf sich hat, warum ich mein Auto verschenken wollte usw. Das war der Stand im Juni 2015.

Später im Jahr, am 9. Oktober, habe ich mir notiert: „Bin wie früher". An dem Tag war mir nämlich bewusst geworden, dass ich wieder die Kraft hatte, gegen vier Figuren gleichzeitig etwas zu unternehmen, sie zu ermahnen oder zu tadeln. Es handelte sich damals um Studiendirektor Evers (vgl. das Kapitel „O sancta simplicitas!"), einen unzuverlässigen und faulen Aushilfspostzusteller, meinen geldgierigen Vermieter (Sie lesen von ihm im Kapitel „Exkurs") und um die Rüpelparkerin Hebbel. Ich hatte sie ganz freundlich gebeten, mir, die ich mit dem Rad unterwegs war, durch ihr unbedachtes Parken den Weg in die Stadt nicht zusätzlich zu erschweren. Da wurde diese Person (eine Geschäftsfrau!) aber derartig pampig, dass an ein Gespräch nicht zu denken war. Also habe ich mich zunächst bei einem Fahrlehrer erkundigt und ihr dann auf einer Postkarte den betreffenden Passus aus der Straßenverkehrsordnung erläutert, mein Buch „Psychoterror" empfohlen und außerdem versprochen, sie im Fortsetzungsband zu erwähnen – was ich hiermit getan habe.

Exkurs „Das wird Dir noch Leid tun"

Gelegentlich dachte ich in den vergangenen Monaten und Jahren und denke es mitunter auch jetzt noch: „Das wird Euch noch Leid tun", womit ich natürlich in Sonderheit Kantack und Bell meine. Ganz verdutzt war ich dann eines Tages, als ich mir im Singular sicher war: „Das wird Dir noch Leid tun!"

Nun ist es ja nicht so, dass ein Mensch nur beruflich mit Mascalzoni zu tun hat, sondern die plagen einen auch im Privatleben wie mich z.b. mein derzeitiger Vermieter, Günther Simon in Hailer. Wer in „Psychoterror" die Seite 24 aufmerksam gelesen hat, dürfte sich jetzt wundern, hatte ich dort doch geschrieben, ich sei „in dieser und über diese Wohnung sehr glücklich". Aber die Zeiten sind leider schon lange vorbei. Zur Schonung meiner Nerven erspare ich mir die Erinnerung an Details und stelle nur kurz und bündig fest: Günther Simon, mein geldgieriger, frecher und verlogener Vermieter, lässt seine Wohnung verkommen! Anfangs habe ich ihm die Schäden noch gemeldet, aber das war reine Zeit- und Portoverschwendung. Anfangs habe ich ihm selbst geschrieben, dann den Mieterverein eingeschaltet, dessen Mitglied ich seit Jahrzehnten bin. Das war ebenfalls erfolglos. Und anfangs habe ich es wirklich nicht für möglich gehalten, dass ein Bauingenieur sein Wohnungseigentum derart verlottern lässt (die anderen Bauingenieure, die ich kannte und kenne, sind nicht so!). Aber es ist möglich.

Nur noch zum Lachen war dann schließlich, dass ich bis Ende 2014 einer Mieterhöhung (!!!) zustimmen sollte. Der Richter beim Amtsgericht war ganz – wie ich – der Meinung, dass ich das nicht soll. Und was macht Günther Simon? Er legt beim Landgericht Berufung ein … Die schreiben ihm irgendwann, er solle die Berufungsklage in Ermangelung jedweder Erfolgsaussicht doch besser zurückziehen, damit die Angelegenheit nicht noch teurer für ihn werde. Das hat ihm offensichtlich eingeleuchtet. Meiner damaligen Anwältin muss er 309,40 Euro bezahlen, seinem eigenen Anwalt und dem Landgericht hoffentlich noch mehr. Ob die ihr

Geld bekommen haben, weiß ich nicht. Bei mir trifft jedenfalls am 23.2.2016 ein Brief ein, in dem die Anwältin mir mitteilt, Herr Simon habe den Betrag „versehentlich" nicht an sie, sondern an mich überwiesen. Ich kann ihr nur postwendend antworten, dass dem nicht so ist. – Da ist dieser Mann also nicht nur geldgierig, frech und verlogen, sondern hat offensichtlich inzwischen die Übersicht verloren.

Er zieht also die Berufungsklage zurück und setzt sich umgehend an die Schreibmaschine: Bis Ende März soll ich einer neuen Mieterhöhungsforderung zustimmen ... (Ist die Lage im Baugewerbe eigentlich momentan so schlecht, dass ein Simon keine Arbeit hat und sich langweilt?).

Die Mängel werden nicht weniger, im Gegenteil! (Bis auf die Balkontür.). Für deren Reparatur habe ich nach Rücksprache mit der Hausverwaltung die Firma Kreis bestellt, die den Schaden prompt und zu meiner vollen Zufriedenheit behoben hat. Da Simon die Rechnung sicher nicht bezahlt hätte, habe ich das umgehend selbst erledigt und den Betrag bei nächster Gelegenheit von der Miete abgezogen.

Und diese Mängel sind derart zahlreich und gravierend, dass ich auf Anraten meiner damaligen Anwältin seit mehreren Monaten nur noch die halbe Miete bezahle: Nicht mehr 1.000 Euro inkl. Nebenkosten, sondern nur noch 500 Euro. Und was macht Herr Simon? Schickt er endlich Installateure, Fliesenleger, Gärtner, Elektriker, fähige Heizungsbauer, Schreiner, Verputzer usw.?

Nein, die schickt er nicht, sondern ich bekomme im Mai 2015 eine Räumungsklage! Aber eine Räumungsklage ist zum Glück nichts, was mich, die ich schon erwürgt oder „eingewiesen" werden sollte, noch sonderlich beeindrucken kann. Außerdem brachte mir Frau Kehm am selben Tag auch noch ein Schreiben des Anwaltes, der in „Psychoterror" erwähnten Polizeibeamtin. Dem war es gelungen, noch Monate nach dem Erscheinen der dritten Auflage einige Exemplare zu erwerben, in denen der Name dieser Person noch zu lesen war (an alle, die nicht in unseren örtlichen Geschäften kaufen: Bedenken Sie bitte künftig, dass die berühmte Firma A. Ihnen offensichtlich gerne auch mal einen Ladenhüter bzw. eine nicht mehr aktuelle Version eines Artikels verkauft!) – mir wurde in Aussicht gestellt, dass ich demnächst 100.000 Euro (oder sollten es 250.000 Euro sein? Egal!) Strafe zahlen oder ein Jahr ins Gefängnis gehen müsse. Ich hätte mich selbstverständlich für das Gefängnis entschieden – wie z.B. auch Raimund und andere, denen ich davon erzählt habe. Als ich die Geschichte beim Italienischunterricht zum Besten gegeben habe, ist es Rosmarie Beeck sofort aufgefallen: Ich hätte nach dem Räumen der Wohnung gleich eine preiswerte neue Bleibe gehabt. Und sie und unsere Professoressa wäre mit Vergnügen zum Unterricht nach Frankfurt gekommen. Das haben sie mir versprochen.

Vom Landgericht habe ich in Sachen Polizistin/Geld oder Gefängnis inzwischen seit Monaten nichts mehr gehört oder gelesen, der Fall scheint also erledigt zu sein. Und die Wohnung musste ich auch noch nicht räumen. Am 10.2.2016 war im Amtsgericht eine Güteverhandlung. Jetzt wird weiter nachgedacht, das Ergebnis sollte ursprünglich am 24.2. bekanntgemacht werden. Der Termin wurde aber schon wieder aufgehoben. Wenn dann irgendwann eine Entscheidung getroffen worden sein wird, wird dieses Buch hoffentlich schon bei meiner Producerin Dr. Katrin Ott in Jena sein. Aber Sie können ja Herrn Simon anrufen und sich nach dem Ausgang erkundigen. Ich will mit diesem Mascalzone so bald wie möglich nichts mehr zu tun haben und suche mir freiwillig eine andere Wohnung: Zwei Zimmer, barrierefrei, in Gelnhausen-Stadt, Tel. 06051-13227. Vielen Dank im Voraus!

Mein Lieblingsgericht?

Diese Frage ist leicht zu beantworten: Spaghetti aglio olio (ohne Peperoncini)! Oder doch eher Grüne Sauce mit einem gekochten Ei? Oder vielleicht Bratkartoffeln und Salat?

So oder ähnlich originell sollte dieses Kapitel beginnen, darauf hatte ich mich schon seit Monaten gefreut. Doch dann musste ich zu meinem Verdruß entdecken, dass Heinrich Heine mir zuvorgekommen war und schon auf diese Art mit Worten gespielt hatte, als es um das Gerichtswesen in Göttingen (?) ging. (In Gelnhausen wird momentan viel Heine gelesen, zur Vorbereitung auf eine von der Grimmelshausen-Buchhandlung angebotene Reise in den Harz. Sehr lobenswert!). Ihr, die Ihr mich kennt, habt angesichts der Überschrift an Spaghetti oder Grüne Sauce gedacht, oder?

Bei den „richtigen" Gerichten war lange das hiesige Amtsgericht mein Favorit, inzwischen holt das Landgericht in Hanau etwas auf. Doch der Reihe nach! – In den ersten sechs Jahrzehnten meines Lebens hatte ich mit Gerichten überhaupt nichts zu tun, was sowieso am besten ist. Nicht einmal eine einzige dieser offenbar beliebten Sendungen im Fernsehen habe ich mir angeschaut. Mir reichten Edgar Wallace und seine Kolleginnen und Kollegen.

Meine Gerichtspremiere war im Februar 2007. Ich wollte in die altkatholische Kirche wechseln. Vorher musste ich aus der röm.-kath. Kirche austreten, und dafür sind in Deutschland die Amtsgerichte zuständig. Es wurde zwar eine Gebühr fällig, aber die habe ich ohne zu maulen bezahlt, weil ich mit der Urkundsbeamtin sehr zufrieden war. Auf meine Bitte hin hat sie mir versprochen, die in solchen Fällen übliche Mitteilung an das Pfarramt nicht sofort abzuschicken. Ich wollte den von mir sehr geschätzten Pfarrer Höfler vorher persönlich informieren.

Im Januar 2012 hat mich eine ebenso kompetente Beamtin in meiner Meinung bestärkt, dass ich nicht geisteskrank war (ich bin's bis heute nicht, <u>ich</u> nicht).

Und im März 2015 wurde durch eine gleichfalls tüchtige Kollegin mein Testament „in besondere amtliche Verwahrung genommen."

(Dass ich der von meinem geldgierigen, frechen und verlogenen Vermieter geplanten Mieterhöhung Ende 2014 nicht zustimmen musste, haben Sie/habt Ihr im vorigen Kapitel gelesen.)

Also, wenn es schon ein Gericht sein soll, dann empfehle ich unser Amtsgericht. Alle, die dort arbeiten, kann ich nur in den höchsten Tönen loben, von den freundlichen Menschen, die am Eingang für die Sicherheit zuständig sind, bis zur Leiterin der Behörde. „Da kommt man doch gerne zu Ihnen", hätte ich jetzt beinahe diktiert, aber das wäre dann doch etwas übertrieben …

Im Hanauer Landgericht hingegen hat es mir anfangs nicht so gut gefallen. Am Eingang wurde ich meistens unfreundlich abgefertigt, die Schlüsselposse war mich teuer zu stehen gekommen, ebenso die Polizistin XY, aber es wird besser: Die zuständigen Menschen haben meinem geldgierigen usw. Vermieter geraten, seine Berufungsklage zurückzuziehen. Doch besonders gut gefällt mir, dass ich die Schreiben dieses Gerichtes neuerdings verstehe!

Bleibt noch das sogenannte Ortsgericht. Ich habe keine Ahnung, wo es sich befindet. Aber das stört mich nicht, weil ich es mit Rücksicht auf meine Zähne niemals aufsuchen werde. Niemals!

Anwälte und Anwältin

(Dieses Kapitel zählt zu denen, die meiner Gesundheit abträglich sind. Deswegen werde ich mich so kurz fassen wie irgend möglich, „mich ganz schnell beeilen", wie meine liebe Mutter zu sagen pflegte.)
Mein erster damaliger Anwalt, Professor Dr. Romelfanger, hatte mich zu mindestens einer Aktion überredet, die für mich sehr teuer wurde, für ihn und die anderen Beteiligten entsprechend lukrativ.
Mein zweiter damaliger Anwalt (seine Namen lasse ich weg, Ihr kennt ihn schon) hatte mir geraten, ein Buch zu schreiben. – Ein sehr guter Rat!
Natürlich könne ich die Klarnamen nennen, ich müsse nur ein entsprechendes Vorwort formulieren. – Ein sehr schlechter Rat!
Dieses Vorwort habe ich sicherheitshalber am 3.4.2014 in der Kanzlei vorgelegt. Anwalt Schulze- Meier-Müller (die Idee, Pseudonyme dieser Art zu verwenden, verdanke ich übrigens Pia. Danke! – Geht's Euch gut?) war gerade in der Mittagspause. „Grünes Licht" kam mit einer um 15:26 Uhr gesendeten SMS.
Polizeibeamtin Meier-Meyer hat mich nach dem Erscheinen des Buches notgedrungen angezeigt und vor dem Landgericht in Hanau zunächst gewonnen. In der dritten Auflage von „Psychoterror" sehen Sie, was dabei herausgekommen ist. (Ich war angewiesen worden, manche Sätze anders zu formulieren, aber so wirken die betreffenden Seiten doch interessanter, oder?)
Anschließend musste ich wieder Tausende bezahlen (Euro, keine Lire!!!), die Beamtin später sicher auch. <u>Meine</u> Kosten wollten die Mascalzoni nicht übernehmen, obgleich ich sie am 16.1.2015 schriftlich dazu aufgefordert hatte:

„Herr Kantakk, ich musste nicht lange überlegen, wer die beiliegenden Rechnungen bezahlen sollte. Schließlich haben <u>Sie</u> mir schon am 5.12.2011 (vgl. S. 27) mit der Polizei gedroht, und <u>Sie</u> haben am 12.12.2011 Frau Polizeibeamtin XY mit Lug und Trug dazu gebracht, sich eiligst um mich zu kümmern. Für den Fall, dass Sie nicht zahlen wollen und Bell auch nicht, habe ich schon nette Ideen, wie ich den Betrag zusammenbringen könnte ... So sehe ich mich schon bei gutem Wetter mit einem Sammeleimer und einem Glas Wein (Gruß an den Würger!) vor der Fiene sitzen ... Feldhaus"

Ob Sie wenigstens der Polizistin heimlich den entsprechenden Betrag zugesteckt haben? Sie hatten ihr diese üble kostspielige Sache schließlich eingebrockt. Man darf doch keiner Polizeibeamtin vorlügen, die auf dem Schulhof herumirrende arme Irre habe mehrere (!) Suizidversuche hinter sich.
 Übrigens habe ich erst neulich im Jahresrückblick der „heute-show" erfahren, dass ein gewisser Trump, Präsidentschaftsbewerber in den USA, schlicht festgestellt hat: „Die Merkel ist geisteskrank".
 Am 5.11.2014 hatte ich einen Termin bei besagtem Anwalt. Bei der Gelegenheit habe ich ihn daran erinnert, dass er den Klarnamen und dem Vorwort zugestimmt hatte. Er bestritt beides – und ich habe keine Widerworte gegeben, um weitere Kosten zu vermeiden. In den folgenden Wochen kamen immer mal wieder Aufforderungen, nun doch seine Rechnung zu bezahlen. Aber: „Für nix gibt's nix" bzw. in der Schule 00 Punkte. So habe ich ihn vergnügt ein Weilchen zappeln lassen und genauso vergnügt am 16.12.2014 einen Brief geschrieben, den Sie nur zu überfliegen brauchen, weil Sie schon wissen, was darin steht.

„Sehr geehrter Herr ..., bezüglich Ihrer Honorarforderung möchte ich Ihnen Folgendes in Erinnerung rufen: Am 24.10.2013 haben Sie mir geraten, das Buch zu schreiben – eine sehr gute Idee! – und auf meine Frage, ob ich die Namen nennen könne, geantwortet, selbstverständlich dürfe ich das. Ich solle nur darauf hinweisen, dass es sich um reine Fiktion handele.
Am 3.4.2014 war ich in Ihrer Kanzlei, um das Vorwort von Ihnen absegnen zu lassen, habe Sie aber nicht angetroffen und deswegen Frau ... gebeten, es Ihnen vorzulegen. Von ihr bekam ich am selben Tag um 15:26 Uhr folgende SMS: „Also das vorwort geht in ordnung ...". Und trotzdem nun dieser Ärger! Sie haben mich also falsch beraten. Das kann

vorkommen und hätte mich nicht weiter aufgeregt. Empört hat mich allerdings Ihr Leugnen ohne rot zu werden in unserem Gespräch am 5.11.2014 ...
Als es schließlich bei Gericht um die Kosten ging, haben Sie die für mich schlechteste Lösung akzeptiert (Es wurde erwähnt, dass Frau Polizistin XY keine Rechtsschutzversicherung hat. Ich habe auch keine!).
Der Reinerlös meines Buches kommt übrigens dem Förderverein Hospiz zugute (vgl. S. 77, 3. Auflage).
Mit freundlichen Grüßen"

<u>Ich</u> hätte an seiner Stelle das Geld nun nicht mehr haben wollen, aber leider sind viele Menschen nicht wie ich. <u>Er</u> bestand auf seiner Forderung, und mein Brief sei ihm völlig unverständlich ... –
   Sollte ich mir nun weiteren Verdruss einhandeln? Wegen „läppischer" 2.432,48 Euro? Außerdem hatte ich ja zwei Schachteln Streichhölzer und einen Kugelschreiber geschenkt bekommen! Da wollte ich nicht kleinlich sein und habe ihm am 30.12.2014 das Geld überwiesen.
   Vereine sind nicht so meine Sache – von zwei Ausnahmen abgesehen, dem Förderkreis Hospiz Kinzigtal natürlich und dem deutschen Mieterbund, in den ich am 5.9.1979 eingetreten bin. Damals warb man:

„Der Mieterverein ist heute wichtiger und nötiger denn je zuvor!

Als Mieter brauchen Sie fachkundige Beratung bei:
- Abschluß eines Mietvertrages
- Mietpreisforderungen
- Wohngeldanträgen
- Instandhaltung der Wohnung
- Nebenforderungen für Heizung, Wasser usw.
- Untervermietung
- Kündigung des Mietverhältnisses
- und vielen anderen Gelegenheiten wie z.B.
- Lärmbelästigung usw.

Kommen Sie in jedem Falle rechtzeitig zu uns, also
- vor Anerkennung einer Mieterhöhung
- vor Unterschrift eines Mietvertrages usw.

Bringen Sie zur Rechtsberatung bitte alle Ihre erforderlichen Unterlagen (Mietvertrag, Schriftwechsel) mit!

Beratung erfolgt für Mitglieder kostenlos!

Nur eine starke Organisation schützt wirksam Ihre Interessen!"

Daran hat sich nichts geändert, und ich bin deswegen immer noch Mitglied. Außerdem war ich mit den dort tätigen Anwältinnen bis neulich sehr zufrieden. Sie haben dem geldgierigen Günther Simon und seinem Anwalt immer mal wieder aktualisierte Mängellisten geschickt und Fristen gesetzt. Er durfte die Miete nicht erhöhen, die Mängel wurden nicht weniger, und ich musste mich mit all dem nicht ständig herumärgern. Irgendwann kam eine Räumungsklage, und im Zusammenhang damit war für den 10.2.2016 eine sogenannte „Güteverhandlung" angesetzt worden. Beim Amtsgericht finde ich es ja immer richtig nett, und ich hatte mich dort bislang schon zweimal höchst erfolgreich selbst verteidigt, aber zu dieser Zeit wollte ich mich nicht ablenken lassen, sondern konzentriert die Arbeit an diesem Buch fortsetzen. Deswegen hatte ich Anwältin Schulze engagiert. Sie war mit den Scherereien, die Eigentümer Simon macht, durch ihre Arbeit im Mieterbundbüro schon bestens vertraut. Ab dem Zeitpunkt war ich ihre Privatpatientin – Pardon! – ihre Privatklientin. Vorher hatte ich durch den Mieterbund Rechtsschutz zugesichert bekommen, davon war jetzt keine Rede mehr. Zu einer Vorbesprechung war ich am 1.2.2016 um 11:30 Uhr in ihrer Kanzlei.

Eigentümer Simon hatte etliche Seiten mit (Lügen)-Geschichten schicken lassen, nur eine davon stimmte: Ich hatte die Küche damals nicht von ihm gemietet, sondern von der Erbin des Vormieters gekauft. – Die Anwältin spricht mit mir über Lappalien wie z.B. den Splitter am Wasserhahn oder die defekte Jalousie im Wohnzimmer. Ganz furchtbar schlimm findet sie allerdings die Sache mit der Küche. Darauf werde sie das Schwergewicht legen, und jetzt sehe es für mich gar nicht mehr gut aus … Ich müsse vermutlich einen Haufen Geld nachzahlen. Außerdem habe sie mir <u>nicht</u> geraten, statt 1000 Euro (Miete und Nebenkosten) einfach nur noch 500 Euro zu bezahlen. <u>Höchstens</u> um 50% hätte ich die Zahlung mindern dürfen. – Ich lasse mich nicht einschüchtern, sondern sage ihr, dass ich höchstwahrscheinlich zur Güteverhandlung erscheinen werde. Das passt ihr offensichtlich ganz und gar nicht, aber was will sie machen? „Mea res agitur". Es geht um mich.

Was da geplant war, kannte ich nun schon: Es sollte teuer werden. – Anschließend möglichst noch teurer beim Landgericht –, und ich hätte wieder alles bezahlen müssen. In der Vergangenheit (gegen Professor Dr. R. in Hanau und Anwalt XY in Gelnhausen) konnte ich nichts machen, aber jetzt konnte bzw. kann ich: Ich habe der Anwältin umgehend gekündigt, sicherheitshalber sogar per Einschreiben mit Rückschein, und bin am 10.2. ohne ihre kostspielige Begleitung zum Amtsgericht gegangen (mehr dazu im Kapitel „Mein Lieblingsgericht?").

Ich hätte ja nun Lust bekommen können, mich beim Oberpräsidenten des Mieterbundes zu beschweren, und diese Lust verspürte ich tatsächlich. Wohl deswegen schickt Frau Schulze, deren Mandantin ich ja schon nicht mehr war, vorsichtshalber doch noch einen Brief ans Amtsgericht mit dem Datum 3.(!)2.2016, die Kopie zur Kenntnisnahme an mich am 6.2.2106: Und auf einmal ist die Küche wieder das, was sie (außer am 1.2.!) immer schon war: völlig uninteressant.

Vom 4.2.2016 stammt folgender Eintrag in meinem Notizbuch: „– Idee/Frage: Beraten Anwälte und -innen absichtlich falsch, damit sie hinterher viel verdienen (cf. Glühbirnenhaltbarkeit, Heizungsfirmen etc.)?"

Mit dem „Spiegel" kam zwei Tage später eine Antwort (Der Spiegel 6/2016, S. 51f.). Unter den Überschriften „Arm dran" und „Gläubiger wollten Thomas Middelhoff offenbar die Pleite ersparen und ihm Millionen lassen. Haben seine Verteidiger ihn ins Unglück getrieben?" liest man:

„Es gibt so viele Wege, sich zu ruinieren, da ist natürlich auch der Rechtsweg nicht ausgeschlossen. Zumindest wenn man Thomas Middelhoff heißt und sich mit Anwälten umgibt, die nach Stundensätzen jenseits der 500-Euro-Marke abrechnen. Über Jahre zogen sie mit ihm von einem Streit zum nächsten. Fertigten Schriftsätze und Klagen. Referierten, repetierten, replizierten. Ließen Firmen eintragen, Grundstücke umschreiben, Wohnsitze ändern. Mit jeder Stunde, die sie aufschrieben, wurde Thomas Middelhoff etwas ärmer, wurden sie selbst etwas wohlhabender.

Dass Middelhoff heute arm ist, davon darf man ausgehen, seit er vor knapp einem Jahr in die Privatinsolvenz gegangen ist. Dass er aber schon länger arm dran war, mit seinen geschäftstüchtigen Anwälten nämlich, darauf deuten bisher unbekannte Papiere hin ... Mit bekanntem Ausgang: Middelhoff finanziell am Ende. Die Anwälte jeweils um mehrere Millionen Euro reicher."

Da hab' ich ja nochmal Glück gehabt.

Mein Tisch (Fortsetzung und Schluss)

Und wie ging es nach dem Erscheinen von Psychoterror mit und in der Schule weiter?

Der dort erwähnte Tisch ist mir dann schließlich doch noch in einem spektakulären Triumphzug gebracht und auf den Balkon gestellt worden. Seitdem sitze ich, wenn Schriftliches zu erledigen ist (Bestseller oder Briefe schreiben, Sudoku ausfüllen usw.), am liebsten draußen. Zwischendurch schweift mein Blick über Beecks schmuckes Anwesen. Weiter südlich sehe ich Schafherden, Störche und Greifvögel. Und noch viele andere seltene und weniger seltene Tiere freuen sich mit mir über diesen schönen Platz, manche von ihnen nicht zuletzt über die mannigfaltigen Leckerbissen, die zusammen mit den Wildkräutern (früher nannte ich sie „Unkraut") wachsen und gedeihen dürfen, da mein geldgieriger Vermieter zu geizig ist, gelegentlich einen Gärtner mit der Pflege zu beauftragen. Und immer wieder bin ich entzückt darüber, dass mein Tisch endlich dort steht, wo er hingehört! Spaßeshalber habe ich das kleine Loch, das die Platte seit dem 11.12.2011 minimal verunziert (vgl. „Psychoterror", S. 30) rot eingerahmt und erinnere mich immer wieder gerne an jenen denkwürdigen Vormittag ...

Sie, liebe Leserinnen und Leser, haben jetzt sicher einen lebendigen Eindruck davon, wie ich vergnügt und fleißig an der frischen Luft sitze, mich meines Lebens freue und für Sie und die Nachwelt wichtige Werke schaffe.

Aber nun vergessen Sie diesen Eindruck gleich wieder, denn ich habe Sie an meinem Wunschdenken teilhaben lassen!

Jahrelang habe ich mich um diesen Tisch bemüht. Doch ob er überhaupt noch existiert? Ob künftige Schulleiter sich von ihm werden trennen können? Die momentan (Februar 2016) noch im Amt befindlichen können es jedenfalls nicht. Am 8.7.2014 hatte ich mich schriftlich bei ihnen für die Einladung zu einer Verabschiedungsfeier bedankt und mitgeteilt, dass ich bei der Gelegenheit meinen Tisch mitnehmen wollte. Außerdem habe ich mich erkundigt, welcher Betrag noch offen war. 150 Euro hatte ich ja bereits angezahlt. – Kam eine Antwort auf dieses Einschreiben mit Rückschein? „Ausnahmsweise" nicht!

Etwa im Mai 2015 wird mir bei ersten Überlegungen für dieses neue Buch klar, dass ich das gute Stück leider wohl nicht mehr bekommen werde. Ich schreibe den Damen und Herren in der Schulleitung, offensichtlich wolle jemand von ihnen den Tisch als Andenken behalten, und teile nun doch meine Kontodaten mit, worum man mich in dem zitierten Schreiben vom 10.2.2014 gebeten hatte (vgl. „Psychoterror", S. 47). „Schon" am 29. Juli erhalte ich auf dem Umweg über das Land Hessen 100 Euro. Die Sommerferien lasse ich verstreichen (Direktoren brauchen auch ihren Urlaub, und ich will ja niemanden krank machen) und schreibe am 16.9.2015 einen kurzen Brief:

„Betrifft Anzahlung Tisch / 150 Euro. Sehr geehrte Schulleitung, versehentlich haben Sie mir nur 100 Euro überweisen lassen. Nun erwarte ich zeitnah die noch fehlenden 50 Euro (vgl. „Psychoterror", S. 73). Hochachtungsvoll …".

Zwei Visitenkarten mit dem hübschen Stempel auf der Rückseite lege ich bei. „Zeitnah" wollte ich mein Geld zurückhaben – inzwischen ist das schon wieder zeitfern. Also werde ich wohl auch auf diesen Kosten wieder sitzenbleiben. Für den Fall, dass in ferner Zukunft dann amtierende Schulleiterinnen oder Schulleiter den Tisch oder das Geld entdecken sollten: Händigen Sie den Tisch bitte meinen Erben aus! Und von dem Geld, dem Sie gerne noch etwas aus Ihrer Tasche hinzufügen dürfen, laden Sie die Hausmeister und die Damen im Geschäftszimmer zu einem guten Essen ein – z.B. in den „Löwen". Wenn die Bestellungen aufgenommen sind, könnten Sie zur Überbrückung der Wartezeit folgende Geschichte erzählen: Es war einmal ein reicher kleiner König. Eines Tages bemerkte er, dass er schon 10 Jahre lang König war! Da sandte er seine eifrigen Boten aus und ließ diese frohe Kunde im ganzen Reich bekanntmachen. Allüberall jubelte das Volk – manches vergangene Ungemach vergessend – und erwartete voll Freude „Brot und Spiele". Die Tage und Wochen gingen ins Land, doch die braven Untertanen wurden zu keinen Spielen eingeladen und mussten für ihr tägliches Brot weiterhin hart arbeiten. – Monate vergingen und das Jubiläum geriet nach und nach in Vergessenheit. Anfangs erzählten durchreisende Pilger oder Kaufleute noch gelegentlich, der kleine König habe sehr wohl gefeiert, nur nicht in seinem eigenen Reich, sondern in der Fremde, und nicht mit seinem eigenen Volk, sondern mit wenigen noch kleineren Königen. Aber diese Geschichte fanden alle unglaublich und glaubten sie deshalb nicht. Und was die kleinen Regenten betrifft: Vermutlich hat sie niemand abgesetzt, und so herrschen sie noch heute.

(Wenn Sie gelegentlich bei der Gelnhäuser Neuen Zeitung zu tun haben, lassen Sie sich ein Exemplar vom 12. September 2015 geben! Ein Herr Matthias Boll widmet dem „Rektor am Grimmelshausen-Gymnasium" reichlich mehr als eine halbe Seite. Ein großes Foto zeigt Bell auf einem Mäuerchen vor der Bibliothek sitzend. Schiefstehende Bücher kann ich darin allerdings nicht entdecken [vgl. das Kapitel „Und wie heißt das Regal?"], nur schiefstehende Bäume. – Demnächst gibt es sicher eine Sonderausgabe anlässlich des 60. Geburtstages. Und dann steht irgendwann seine Pensionierung an. Vor einer Schule ohne Leitung muss aber niemand Angst haben: Eine Nachfolgerin steht schon bereit.)

STD'n Sabine Hartmann

Manche haben „Psychoterror" offenbar auswendig gelernt, so z.B. Klaus Neie und Lars Grimm. Den Anderen empfehle ich, das Kapitel „Schluss mit lustig" noch einmal zu lesen: Ich musste zum Oberdirektor, der mir erklärte, mein Unterricht sei so schlecht, weil ich keine Teilnahme an Fortbildungsveranstaltungen nachweisen könne. Da mir damals beim Schreiben des erwähnten Kapitels Sabine Hartmann noch etwas sympathisch war, habe ich sie nicht erwähnt, was ich hier nachhole.

Nach der üblichen Wartezeit war ich endlich vorgelassen worden und habe beim Betreten des Chefzimmers nicht schlecht gestaunt angesichts von Frau STD'n Hartmann, Leiterin des Fachbereiches I, die neben Oberdirektor Bell am Tisch saß. Ich frage: „Was willst Du denn hier?" Beide faseln etwas von „fachlichen Belangen", die sie mit mir besprechen solle; Bell bleibt sitzen, Hartmann flüchtet. Schade eigentlich! Es wäre doch sicher lustig gewesen, mich mit ihr über meinen schlechten Unterricht zu unterhalten. Ich hätte dann auch ihren schlechten Unterricht erwähnen können, von dem ich so wenig wusste, wie sie von meinem ….

(Wer mich kennt, weiß, dass ich gerne allen alles erzähle, ggf. auch mehrmals. So habe ich umgehend die Lateinkolleginnen und -Kollegen davon in Kenntnis gesetzt, dass sie bislang einen völlig falschen Eindruck von mir und meinem Unterricht gehabt hatten. Und gut, dass ich das getan habe! So konnten bald danach zwei (!) weitere Mitglieder der Fachschaft Latein hoffentlich gelassen reagieren, als ihr Unterricht genauso abqualifiziert wurde wie der meine – in ihren Fällen durch Frau Hartmann. Das fand ich dann nur noch lächerlich, inzwischen scheint es mir symptomatisch. Da kann ich doch alle nur davor warnen, ihre Kinder ans Grimmels zu schicken angesichts der „Tatsache", dass schon im Jahre 2010 z.B. die Hälfte derer, die Latein unterrichteten, ihre Sache derart schlecht gemacht haben. Interessieren dürften in diesem Zusammenhang auch die Ergebnisse einer Vergleichsarbeit im Herbst 2015. In welchem

Kurs gab es die mickrige Durchschnittsnote von 7 Komma nochwas? Na? – Wer das errät, bekommt auf Wunsch ein Extra-Kapitel in meinem nächsten Bestseller.)

Doch zurück ins Jahr 2010! Nach ihrer Flucht aus dem Chefzimmer hat Frau Hartmann keine Gelegenheit ausgelassen, in Gegenwart von Zeugen aus dem Fußvolk darauf hinzuweisen, wie angenehm doch die Abiturprüfungen für sie als Vorsitzende seien, wenn ich als Protokollantin oder Prüferin mit dabei sei, was mich wahrscheinlich ihren peinlichen Beinahe-Auftritt vergessen lassen sollte. So letztmals am 29. Juni 2012 bei der Verabschiedung.

Inzwischen war „Psychoterror" erschienen, und dessen Lektüre schien Frau Hartmanns Sehvermögen schwer geschadet zu haben: Sie erkannte mich nicht mehr, selbst wenn nur eine schmale Straße zwischen uns lag. Anfangs habe ich das nur beiläufig registriert. Sehr erschrocken bin ich aber am 31.3.2015: Wir stehen beide an der Kasse in der Grimmelshausen-Buchhandlung und Frau Hartmann erkennt mich aus allernächster Nähe nicht! Im Verlaufe des Tages beruhige ich mich wieder und denke ein wenig nach. Vielleicht war sie in Gedanken versunken oder sie wollte einen Scherz machen? Doch im Ernst: Das Gruselduo, die geübten Mascalzoni, hätten mich in einer vergleichbaren Situation huldvoll angelächelt (in einem Fall von oben), dabei schlauerweise gar nicht erst versucht, mir die Hand zu geben und sich scheinbar freundlich nach meinem Befinden erkundigt. – Meines Wissens sah man sie allerdings noch nie in einer Buchhandlung, oder? Und „Psychoterror" haben sie sicher bei Amazon gekauft oder einem Schüler abgenommen, der es während ihres langweiligen Unterrichts gelesen hat. – Abends schreibe ich ihr ein Kärtchen, auf dem ich auch erwähne, dass eine Person aus der Chefetage mich um Entschuldigung gebeten hat (ohne Worte, „nur" mit einem Händedruck und einer sehr tiefen Verneigung). Und allein diese meine Karte hat offensichtlich zu einer Spontanheilung geführt, denn schon bei unserer nächsten Begegnung Anfang April erkennt sie mich! Sogar von hinten! Und grüßt mit einem fröhlichen, lauten „Hallo"! – „Salve" bzw. „Ave" finde ich besser, aber wahrscheinlich war ihr das vor Schreck so schnell nicht eingefallen. – Und seitdem werde ich immer wortreicher gegrüßt, immer vergnügter, beinahe euphorisch.

Ein kleinen Rückfall hat es allerdings gegeben, und zwar am 9.5.2015 bei der wunderschönen Aufführung des Sommernachtstraumes in der Aula des Grimmelshausen-Gymnasiums. Ich war in Begleitung meines zweiten Leibwächters, den ich engagiert habe, damit Emil (vgl. „Psychoterror", S. 30) auch einmal frei haben kann. Vorher hatte ich mich lange nicht in die Schule getraut, neuerdings traue ich mich wieder und habe es an dem Abend sehr genossen, von ganz vielen guten Menschen so freudig begrüßt zu werden. Nur zwei habe ich gesehen, die sich offensichtlich nicht gefreut haben: Frau Hartmann (Macht der schlechten Gewohnheit?) und Frau Edith Fränkel (vgl. „Psychoterror", S. 49), die sich an der Wand entlanggedrückt hat in der vergeblichen Hoffnung, von mir nicht erspäht zu werden.

Manche Menschen sind ja noch viel interessanter als Bücher (von meinen eigenen natürlich abgesehen) und geben zu den verschiedensten Fragen Anlass. Also fragen wir uns, warum STD'n Hartmann so glücklich ist, wenn sie mich sieht! Möchte sie sich vielleicht nicht um die Chance bringen, in Zukunft mir zu Ehren die eine oder andere Rede halten zu dürfen, z.B. wenn unsere Schule ihren neuen Namen erhält (vgl. „Psychoterror", S. 77)? Oder möchte sie mich bei Laune halten, damit ich kein Veto einlege, wenn sie in absehbarer Zeit ihren Willen kundtut, Bells Nachfolge anzutreten? (Gegenüber Kolleginnen und Kollegen führt sie sich so auf, dass frau dieses als ihr Ziel erkennen muss. Und sie ist nicht dumm, sondern weiß, dass das Gruselduo es nicht mehr lange macht. – Vedremo!)

Wie bei der FIFA

(Wissen alle, was die Abkürzung bedeutet? Meine stets hilfsbereite Nachbarin Rosmarie Beeck hat es für mich herausgefunden: „Fédération Internationale de Football Association." Der Name ist doch beinahe so originell wie „Kommunales Center für Arbeit", vgl. das Kapitel „Und wie heißt das Regal?")

Zahlreiche Kollegen und Kolleginnen leisteten und leisten an unserer Schule trotz mancher widriger Umstände hervorragende Arbeit, was man vom Gruselduo leider nicht sagen kann und von seiner buckelnden Gefolgschaft vermutlich auch nicht. Missstände wurden und werden unter den Teppich gekehrt, den „kleinen Leuten" angelastet und was dergleichen Methoden mehr sind. –

Ich habe versucht, was ich konnte. Galt und gelte ich nun als Heldin oder als Nestbeschmutzerin? Das hat mich mein vielseitig und nicht nur an mathematischen Problemen interessierter Vetter Burchard[4] schon bald nach der Lektüre von „Psychoterror" gefragt. Bei nicht wenigen ganz sicher als üble Nestbeschmutzerin!

Dazu zitiere ich den Leserbrief eines Herrn Manuel Hinrichs aus Lübeck, der am 31.10.2015 im „Spiegel" (S. 152) abgedruckt war. „Angesichts so vieler gebildeter, aber haltungs- und verantwortungsloser Menschen in verantwortungsvollen Positionen bei FIFA, Volkswagen, in Behörden und in der Politik frage ich mich, wie es sein kann, dass ausgerechnet immer diejenigen als Nestbeschmutzer tituliert werden, die eine Verschmutzung als solche erkannt und benannt haben – und nicht die, die seit Jahr und Tag ihre Verkommenheit überhaupt erst ins Nest getragen haben."

Ja, wie kann es sein?

---

[4] Ihr kennt ihn von der Feier in der Burgmühle. Auf die Erwähnung seiner Titel legt er keinen gesteigerten Wert, also lasse ich den „Prof. Dr." hier weg.

Nach den Skandalen bei VW und der Deutschen Bank fragt „Publik-Forum" Edda Müller, die Vorsitzende von „Transparency Deutschland": „Noch immer kein Schutz für Whistleblower?"
(Über den Rechtschreibduden ärgere ich mich ja oft und strafe ihn mit Missachtung, aber trotzdem habe ich mir neulich auf Anraten von Nina Röhm der neu aufgenommenen Wörter wegen die 26. Auflage gekauft. Zum Glück! „Whistleblower" sind Menschen, die Missstände an ihrem Arbeitsplatz öffentlich machen.) Frau Edda Müller meint, es gebe „in Deutschland eine Tradition aus autoritären Zeiten: danach wird derjenige, der Hinweise auf Missstände und Unregelmäßigkeiten gibt, immer noch als Denunziant oder Verräter angesehen, der andere ans Messer liefern will … Zum anderen haben die Gewerkschaften sich nicht um einen ausreichenden Hinweisgeberschutz gekümmert: Schließlich stünden die Betriebsräte zur Verfügung, wenn es ein Problem gibt" (Der „Betriebsrat" heißt bei uns „Personalrat", vgl. „Psychoterror", S. 49). Die Frage, ob jemand solche Verstöße aufdecke, habe „vor allem etwas mit Zivilcourage zu tun". Und weiter stellt sie fest: „… es muss klar sein, dass der Arbeitsplatz nicht in Gefahr ist und die Arbeitsatmosphäre … nicht durch Mobbing gekennzeichnet sein wird." („Publik-Forum", Nr. 1/2016, S. 9. Das ist übrigens eine lesenswerte Zeitung. Soll ich jemanden werben? Die Prämie teilen wir uns dann.)

Diese Ausführungen leuchten mir ein, Ihnen und Euch auch? Doch ob sich wirklich etwas zum Besseren verändern wird? Zu meinen Lebzeiten vielleicht nicht und danach vielleicht auch nicht. Aber: „Bei Gott ist kein Ding unmöglich, außer dass sich einer selbst die Nase abbisse …" So Annette von Droste-Hülshoff am 28. November 1842 in einem Brief an Elise Rüdiger.

Kollektive Performance

Hier sah ich viele, die eindeutig für „Nestbeschmutzerin" votieren würden …

Auf dem Flyer, durch den ich auf diese Veranstaltung aufmerksam geworden bin, ist zu lesen: „Im März 1945 wurden über 300 Häftlinge aus dem KZ Katzbach in den Adler-Werken/FFM auf einen Todesmarsch von Frankfurt über Gelnhausen nach Hünfeld getrieben", und zwar „bei kaltem Schneeregen, vor allem in der Nacht auf der Reichsstraße Nr. 40 durch die Städte und Dörfer … Mindestens 100 Häftlinge sollen den Marsch nicht überlebt haben … Der Zug muss von den Anwohnern wahrgenommen worden sein."

„70 Jahre danach, Freitag, 27. März 2014, in Gelnhausen:

Um 16:30 Uhr stehen 45 lebensgroße Figuren aus Eisen und Filz auf der B40, Höhe Kreissparkasse. Die Performance" (ein Werk der Dörnigheimer Künstlerin Ulrike Streck-Plath) „beginnt schweigend, ein Text zum Geschehen im März 1945 wird gelesen.

Nach einer Zeit verstellt ein Teilnehmer oder eine Teilnehmerin eine der Figuren. Nach einer Zeit des Schweigens verstellt ein weiterer Teilnehmer eine andere Figur usw., so ziehen Gestalten des Jammers auf dem Weg des Erinnerns auf einem kleinen Stück der historischen Strecke durch die Stadt, das Ungeheuerliche sichtbar zu machen.

Sie sind herzlich zu Teilnahme und Anteilnahme eingeladen."

Zu den Initiatoren gehörte Christine Raedler; Monsignore Hans Höfler und die „Pax Christi"-Gruppe wurden als Unterstützer erwähnt. Ich würde also mit den zahlreichen Anderen, denen ich nicht gerne begegne, nicht allein sein. Dem Flyer war zu entnehmen, dass mit der Anwesenheit folgender Personen zu rechnen war (neben den Namen notiere ich, welche Rolle/n sie in meinem Fall gespielt haben und z.T. immer noch spielen):

Thorsten Stolz, Täter
David Lupton, Täter
Klaus-Peter Brill, Wegseher
Michael Reul, Helfer/Täter
Franz Coy, Wegseher
Arndt Lometsch, Täter

Man versammelt sich also an der Kreissparkasse. Ich bin wie beinahe immer zu früh an Ort und Stelle und werde von vielen freudig begrüßt, von einer Person nur ganz verstohlen, weil Bell das nicht sehen soll, und reihe mich dann in den Zug ein.

Leider misslingt mir der Versuch, mich durch die, die vor und neben mir gehen, nicht ablenken zu lassen. Und da schreiten sie also, alle diese in Gelnhausen hochangesehenen Leute!

Außer denen, deren Namen ich schon auf dem Flyer gelesen habe, muss ich ertragen:

Frau Lupton, Helferin
Pasquina Schlagbauer, Täterin
Christel Schmitz-Bonfigt, Wegseherin
Irene Lanz, Wegseherin

– mir wird übel und immer übler –

Rosa Bartel, Helferin
Herbert Graf, Täter
Achim Becke, Helfer

Irgendwann gegen 17:00 Uhr kann ich es nicht länger ertragen, verabschiede mich diskret von einigen guten Menschen und mache mich auf den Heimweg. Bei einem Blick zurück sehe ich OSTD Bell, dem es bis dahin gelungen war, sich vor mir zu verstecken. Tief deprimiert gehe ich heim.

Und überall ist Gelnhausen …

Am Abend dieses bedrückenden Tages bedurfte ich dringend einer kleinen Aufmunterung und habe zu diesem Zweck Bell eine Karte geschrieben (unfrankiert und an seine Privatadresse):

„Ein Glück, dass niemand in Gelnhausen das gewisse Buch gelesen hat! Sonst hätten Sie und Ihre willigen Helferinnen und Helfer (Grüße an alle!) heute nicht in so wichtiger Funktion auftreten dürfen. Dass ich vorzeitig gehen musste, weil mir schlecht geworden ist, dürfen Sie dem frommen und stets engagierten Professor nicht sagen. Sonst zeigt der mich wieder einmal an, was mir lästig ist."

Bei einigen, die ich hier aufgelistet habe (und die Liste ist sicher nicht vollständig), fragen Sie sich vielleicht, was sie getan bzw. nicht getan haben. Diese Fragen kann ich beantworten.

Von <u>Rosa Barthel</u> hatten Sie schon in „Psychoterror" gelesen. Mir sollten ja die Zähne eingeschlagen werden, was zum Glück bis jetzt nicht geschehen ist (Zähne sind sehr teuer!). Später hat sie mich gerne mal angezeigt, wovon ich in einem anderen Kapitel erzähle. Beides (Zähne und Anzeigen) kann man vielleicht noch lustig finden, nicht aber das, was sie sich für die Performance ausgedacht hatte.

„Nach einer Zeit verstellt ein Teilnehmer oder eine Teilnehmerin eine der Figuren." Einer stets engagierten Frau Barthel ist das offensichtlich nicht genug. Wenn sie gerade nichts verstellen darf, gibt sie Sondervorstellungen, bei denen sie Schwächeanfälle mimt und sich von freundlichen Menschen aufhelfen und stützen lässt. Vielleicht drei oder vier Meter vor mir. Da kann mir doch nur schlecht werden!

Am 1.4.2015 habe ich ihr zu ihrer Spezialperformance noch ein paar Worte geschrieben, woraufhin sie eine Weile nicht mehr öffentlich in Erscheinung getreten ist …

<u>Achim Becke</u> kenne ich vermutlich seit meinem ersten Schultag in Gelnhausen im Sommer 1978. Aber nett gefunden hatte ich ihn nun die längste Zeit. Nachdem ich bei der Obrigkeit in Ungnade gefallen war, war er nämlich einer von denen, die nicht mehr mit mir gesehen werden wollten. So hat er es z.B. im Café Most verhindert, dass ich mich zu der Runde von Pensionären gesellen konnte, die dort regelmäßig frühstücken.

Offensichtlich lebt er wie so viele Andere nach dem Motto „Lieber mit einem Mascalzone auf dem Foto als gar nicht in der Zeitung" oder „Lieber neben einem Mascalzone in der ersten Reihe als in der zweiten oder gar dritten". Aber nun haben sich die Zeiten ja geändert, Bell und Konsorten haben Angst vor <u>mir</u>, da muss man umdenken. Achim Becke hatte schon gründlich umgedacht und kam infolgedessen strahlend auf mich zu, als wir uns in Erwartung der Performance versammelt haben. Ich war so perplex, dass ich mich <u>versehentlich</u> habe duzen lassen und ihm <u>versehentlich</u> die Hand gegeben habe. Beides wird nicht mehr vorkommen!

Oberstudienrat <u>Herbert Graf</u> ist auch ein sehr engagierter Mensch, was frau gelegentlich den Zeitungen entnehmen kann. Als ich sehr in der Klemme war, hatte ich ihn eines Vormittages in der Langgasse getroffen und ihm meine Probleme mit der Schulleitung ausführlich geschildert. Er schien sehr beeindruckt und hat mir versprochen, sich meiner Sache anzunehmen. Und wie soll nun ein von mir gewähltes Personalratsmitglied nennen, das sein Versprechen nicht hält, sondern zur Unterstützung der Schulleiter untätig bleibt? „Täter", wie sonst! (vgl. in Opus 1 das Kapitelchen „Der damalige Personalrat")

Und wieso ist <u>Michael Reul</u>, Mitglied des Landtages, ein Helfer, wenn nicht sogar ein Täter?

Ihn und seine Familie kenne ich seit Jahrzehnten, und so kam mir seine Kandidatur bei der letzten Landtagswahl sehr gelegen. Da war ich nämlich nach dem und durch den parteiübergreifenden Versuch, mich für geisteskrank erklären zu lassen, an dem Punkt angelangt, dass ich nun wirklich und endgültig nicht mehr wählen gehen wollte. Aber ein nachdenklicher bayerischer Busfahrer hat mir auf dem Weg von Waldrode, wo Hessens beste Italienischlehrerin wohnt, nach Gelnhausen Gegenargumente dargelegt. Eines davon hat mir damals noch eingeleuchtet: In allen oder zumindest in den meisten Parteien fänden sich anständige, jüngere Leute, die sich für gute Ziele einsetzen wollten.

„Nun gut," dachte ich, „ dann also Michael Reul" und habe ab sofort für ihn Wahlkampf gemacht. Zunächst habe ich bei jeder sich bietenden Gelegenheit allen Bekannten und Verwandten, Freunden und Wohltätern erzählt, dass und warum sie ihn wählen sollen, und schließlich noch

Anzeigen in den Lokalzeitungen aufgegeben. Der Erfolg blieb nicht aus, und zu diesem Wahlsieg habe ich somit einen beachtlichen Beitrag geleistet.

Und dann? Dann sitze ich mit einer Person, mit der er sehr eng verwandt ist, in einem meiner Lieblingsrestaurants, beäugt und belauscht vom Würger. Darauf, dass es folgendermaßen weiterging, gehe ich jede Wette ein: Der mächtige, in Gelnhausen offensichtlich allmächtige Prof. Lupton erklärt dem Nachrücker Michael Reul, er habe dafür zu sorgen, dass dieser Kontakt sofort eingestellt wird. Und der hat umgehend dafür gesorgt: Die Verwandte hat meine Anrufe nicht mehr angenommen. Anfangs habe ich Defekte in den Telefonanlagen vermutet und was weiß ich sonst noch alles, aber irgendwann musste ich einsehen, dass diese Freundschaft beendet war.

Reul also Helfer bei dem Versuch, mich zu isolieren, und somit auch Täter. Als Politiker wird er es vermutlich noch weit bringen …

Abschließend eine kleine Aufmunterung, und dann habe ich dieses deprimierende Kapitel geschafft.

Gut fand ich, dass sich auch Pfarrer Günter, der Nachfolger von Monsignore Höfler, in den Zug eingereiht hatte. Da er erst seit wenigen Jahren in Gelnhausen ist und somit gar nicht wissen konnte, in welcher Gesellschaft er sich bei der Performance befunden hatte, habe ich ihm bald danach durch eine gemeinsame Bekannte mein Opus 1 zukommen lassen, wenige Tage später auch noch eine Fotokopie der Aktualisierung. Dass lange kein Wort des Dankes kam, dass nicht einmal der Erhalt bestätigt wurde, erschien mir merkwürdig und sehr unhöflich. Am 2.5.2015 mochte ich nicht mehr länger auf eine Reaktion warten und habe ihm eine Karte geschrieben.

„Röm.-kath. Pfarramt,
z.H. Herrn Günter …

Buch 11,-- Euro
Kopie 0,20 Euro
Zusammen 11,20 Euro

Christine Feldhaus"

Nun ging es ganz fix: Mit Datum vom 5.5.2015 schrieb mir die Pfarrsekretärin:

„ ... im Namen von Pfarrer Günther sende ich Ihnen Ihr Buch ... zurück. Pfarrer Günther hat dieses Buch nicht bestellt und auch keine Verwendung dafür."

Daraufhin habe ich mich nur noch postwendend erkundigt ...

„Betrifft keine Verwendung. Wie wäre es mit lesen?"

– und diesen Herrn dann abgehakt.

Ich bin zwar kein Gemeindemitglied, aber in Gelnhausen und Umgebung eine berühmte und hochgeachtete Persönlichkeit. Da sollte sich ein neu zugezogener Pfarrer doch für meine literarischen Werke interessieren!

Rosemarie Barthel

(Zunächst einen Tusch für sie! Denn hiermit hat sie es zu einem eigenen Kapitel gebracht und muss zur Hebung des Ansehens selbst keine Bücher mehr schreiben, z.B. über Menschen, die in Gelnhausen verleumdet und verfolgt wurden, umgebracht werden sollten usw. Und sie muss bei Performances nicht mehr zusammenbrechen.)

Mit Datum vom 28.8.2014 kommt Post von der Polizei:

„Polizeipräsidium Südosthessen
Polizeidirektion Main-Kinzig
Polizeistation Hanau II (DEG)
Cranachstraße 1
63452 Hanau
Sachbearbeiter Koch, H., POK'in"

Mir „wird zur Last gelegt, am Donnerstag, 13.3.2014, in Gelnhausen folgende Straftat begangen zu haben: Beleidigung gemäß §185 des StGB. – Postkarte an die Geschädigte senden."

Nun pflege ich, wie Sie alle wissen, niemanden zu beleidigen. Im vorigen Jahrhundert habe ich vielleicht ein Mal pro Monat und nur, wenn es unbedingt nötig war, zu jemandem „Du Faultier" gesagt, aber das hatte mir Vater D. ja durch den Oberdirektor verbieten lassen.

(Erst im letzten Sommer hat mich Oliver Klein, ein ehemaliger Schüler, höchst amüsiert daran erinnert, was ich mir damals überlegt und allen Klassen erklärt hatte: Einfach auf Latein „animal pigrum" zu schimpfen, wäre auch keine Lösung gewesen, weil in diesem Falle die faulen Säcke ganz sicher und sehr ausnahmsweise einmal versucht hätten, etwas zu übersetzen. Und die Väter hätten wieder die Schulleitung auf mich gehetzt ... Ein in keinem Lexikon zu findendes Wort musste ersonnen werden: „Euh", die Abkürzung von „Etwas unfleißiges Herzchen". Ich hätte es mir patentieren lassen sollen.)

Doch zurück zu der von mir angeblich geschädigten Frau Barthel! Mir wurde Gelegenheit gegeben, mich zu dem Vorwurf zu äußern, was ich allerdings nicht konnte, da ich keine Idee hatte, wer sich mehr als ein halbes Jahr zuvor von mir hätte beleidigt fühlen können. Ich schrieb also postwendend zurück: „Wen soll ich beleidigt haben? Und wie?"

Dieses Rätsel hat die mit meinem Vorgang ST/0341181/2014 befasste Beamtin dann freundlicherweise gelöst, indem sie mir zusammen mit ihrem Schreiben vom 4.9.2014 die Kopie einer Karte geschickt hat, auf der ich aus gegebenem Anlass einige Fragen an Frau Barthel gerichtet hatte. Diese sollte bei einer Veranstaltung der evangelischen Kirche einen theologischen Beitrag leisten.

Also hatte ich mich bei ihr erkundigt:

„… wird Ihr Mann mir am 19.3. um 20:00 Uhr wie angekündigt die <u>Zähne einschlagen?</u>
Wird er allen verraten, dass ich eine alte <u>Alkoholikerin</u> bin?
Woher weiß er, dass ich eine <u>sehr gute Lehrerin</u> war?
<u>Soll ich nicht besser an dem Abend für Sie einspringen?</u> Ich bin auch eine <u>hervorragende</u>
<u>Theologin."</u>

– Er werde mir die Zähne einschlagen, hatte mir der werte Gatte am 19.3.2014 angekündigt. (vgl. in „Psychoterror" das Kapitel „Und nun?")
– Im selben Telefongespräch hatte er mir sozusagen sein Bedauern darüber ausgedrückt, dass ich doch eine alte Alkoholikerin sei (vgl. Lupton in „Psychoterror", S. 67).
– Dass ich eine hervorragende Lehrerin war, wisst Ihr alle. Aber woher weiß Herr Barthel das? Ganz einfach: Der Würger ist eigentlich ein herzensguter Mensch und unterlässt es nicht, auch die positiven Seiten einer Person zu erwähnen – und mag diese noch so geisteskrank sein. Das ist doch lobenswert!

Ich antworte am 17.9.2014, die Beamtin (in Hanau) möge doch lesen, was auf der Karte stehe: Ich sei bedroht und beleidigt worden. Außerdem empfehle ich ihr, mit der hiesigen Polizeistation Kontakt aufzunehmen. Dort hatte mich Rosemarie Barthel nämlich vorher schon angezeigt.

Ich habe auf meine alten Tage ja viel mit der Polizei zu tun, aber dass man sich mit derselben Anzeige an mehrere Stationen wenden kann, hätte ich auch nicht gedacht. So entstehen doch zusätzliche Kosten, und für die komme ich als Steuerzahlerin ebenso ungern auf wie z.B. für die Gehälter schlechter Schulleiter und charakterloser Politiker oder die Aufwandsentschädigungen, die ein geltungssüchtiger Ortsvorsteher vermutlich erhält. Bereits am 8.7.2014, also etwa zwei Monate vorher, hatte Frau B. in Gelnhausen Strafanzeige erstattet wegen „des Verdachtes der Beleidigung" (Unterstreichung von mir). Geraume Zeit später standen zwei Beamte in Uniform vor meiner Haustür. Das war nun wieder nichts für meine Nerven.

Herr Walden ist ja ein Netter (auch wenn er meinen Brief vom 4.12.2013 bis heute nicht beantwortet hat!), aber ich gerate trotzdem in Panik, lasse sie nicht ins Haus und schon gar nicht in meine Wohnung, sondern rede draußen mit ihm (die Sonne schien, ich erinnere mich noch genau an die Szene), wo ich notfalls um Hilfe schreien kann, obgleich das am 12.12.2011 auch nicht geholfen hat, weil obrigkeitshörige Kollegen dafür gesorgt haben, dass Schülerinnen und Schüler auf Distanz gehalten wurden und mich nicht hören konnten (vgl. das Kapitel „Geisteskrank [2. Versuch]"). Um mir ein wenig meiner Angst zu nehmen, setzt sich der lange Mensch auf eine Treppenstufe und erklärt mir, er wolle die Sache endlich vom Schreibtisch haben.

Ich sei wegen Beleidigung angezeigt worden, müsse mich dazu aber nicht äußern. Da ich ohnehin mal wieder nur stottern kann, mache ich von diesem Recht gerne Gebrauch. Die Karte, die er bei sich hat, ist die, die ich am 13.3.2014 an Frau Barthel geschickt habe.

Dieses Ermittlungsverfahren findet seinen ordnungsgemäßen Abschluss. Mit Datum vom 16.9.2014 teilt mir die Hanauer Staatsanwaltschaft mit, dass mit Zustimmung des Gerichtes von einer Verfolgung abgesehen werde. Die Schuld des Täters (!) sei als gering anzusehen (welche Schuld eigentlich?), ein öffentliches Interesse liege nicht vor (Schade! Kantack und Konsorten im Zeugenstand oder auf Anklagebänken hätten größtes öffentliches Interesse gefunden!) Und außerdem sei die Beschuldigte nicht vorbestraft. Da habe ich ja nochmal Glück gehabt! – So viel zu der Anzeige, die in Gelnhausen erstattet worden war. Was die andere betrifft, habe ich noch keine Benachrichtigung bekommen. Ich könnte ja mal nachfragen, aber das wäre sicher Zeitverschwendung, weil todsicher in ganz Hanau keine Hinweise mehr zu finden sind.

In Gelnhausen Frau Barthel zu begegnen oder neuerdings besser mir in Gelnhausen zu begegnen, lässt sich nicht ganz vermeiden. So habe ich sie mal an einem Sonntag in einem meiner Lieblingsrestaurants „erwischt". Dabei ist mir etwas Wichtiges klargeworden: Ich darf diese Restaurants nicht mehr nennen, weil sie sonst von manchen Personen, die Angst vor mir haben, nicht mehr aufgesucht werden. Und dieses Restaurant hatte ich lange gemieden und deswegen in „Psychoterror" nicht erwähnt. Es liegt zu nahe am GGG; das reicht schon, um mir den Appetit zu verderben. Aber die Zeiten haben sich geändert.

Also, Frau und Herr Barthel, lassen Sie sich vorsichtshalber eine Pizza liefern! Oder schmieren Sie sich daheim ein paar Brote! Das Brot könnten Sie angstfrei z.B. bei Kaufland kaufen oder bei einer Tankstelle.

Bürgermeister Stolz

Da gibt es nicht viel zu berichten. Herr Stolz ist immer noch im Amt, mag mit mir jedoch nichts zu tun haben. Er will sich z.B. nicht mit mir unterhalten. An Gelegenheiten mangelt es nicht, aber er will nicht! Am 26.6.2015 waren wir z.B. beide bei der Verabschiedung der Abiturientinnen und Abiturienten des Grimmelshausen-Gymnasiums. In einer Pause oder nach der Veranstaltung hätten wir doch ein paar Worte wechseln können. Aber Herr Stolz liest seine Rede über die stetig steigende Einwohnerzahl Gelnhausens vor (gut, dass Lupton daran gehindert wurde, mich zu erwürgen! Sonst hätte unsere „Wohlfühlstadt" eine Einwohnerin weniger. Das wäre doch jammerschade ...) und schleicht dann sehr bald von dannen.

Oder Mitte Juli 2015. Ich bin in der Holzgasse unterwegs zu meinem Freund Teodoro M. im Altenheim. Bürgermeister Stolz kommt mir entgegen, aber zu einer Unterhaltung führt es wieder nicht. Als er mich entdeckt und gleichzeitig erkennt, dass es keinen Fluchtweg gibt, beschleunigt er seine Schritte, sodass ich nur die bekannte Frage stellen kann: Welche Mitglieder seines Magistrates wollten gerne dabei behilflich sein, mich für geisteskrank erklären zu lassen? (vgl. „Psychoterror", S. 42). Er weiß es immer noch nicht!

Da haben wir also einen Bürgermeister, der es sich bieten lässt, dass ihm keiner was sagt, und der außerdem nicht auf die naheliegende Idee kommt, mein Buch zu kaufen oder in der Stadtbibliothek auszuleihen und sich selbst zu informieren. Aber immerhin hatte er an diesem Tag die Geistesgegenwart, mich so zu grüßen, wie es sich gehört: „Guten Tag, Frau Feldhaus!"

Post von mir beantwortet er inzwischen gar nicht mehr. Ich hatte z.B. am 1.7.2015 eine Anzeige des „Weißen Ringes" gelesen. Darin wurde dazu ermuntert, umgehend die 110 anzurufen, wenn man sieht, dass ein Mitmensch erwürgt werden soll. Aus diesem Anlaß habe ich Herrn Stolz darauf aufmerksam gemacht, dass man doch auch dann telefonieren kann, wenn man unter einem Tisch sitzt. Bei der Gelegenheit habe ich ihm auch gleich sein eigenes Kapitel im nächsten Buch angekündigt.

In seiner (und meiner!) Stadt geschahen und geschehen ja erstaunliche Dinge, und ich wundere mich nur noch sehr selten, aber im August 2015 habe ich meinen Augen nicht getraut: Die Barbarossastadt Gelnhausen machte öffentlich bekannt, dass „Herr Erhard Bartel ... zum Ortsgerichtsschöffen des Ortsgerichts Gelnhausen I auf die Dauer von fünf Jahren ernannt" wird. (GNZ vom 11.8.2015). Ausgerechnet Erhard Barthel! Dieser Mann hatte mir doch gesagt, er werde mir die Zähne einschlagen. Das steht schon in der 1. Auflage von „Psychoterror", und somit wissen es alle. – Ich schreibe also dem Bürgermeister auf einer Postkarte sinngemäß, dass ich das nicht nett finde. Aber wer von diesen feinen Herrschaften interessiert sich schon für die Meinung einer Christine Feldhaus, die nicht einmal eine gebürtige Gelnhäuserin ist? Offensichtlich niemand!

Ein interessantes Beispiel hätte ich noch, aber fragen Sie ihn einfach selbst danach (Stichwort „Marionette", GNZ vom 1.10.2015). Ihre Briefe beantwortet er vielleicht.

Aber ich muss den jungen Mann nicht nur tadeln, sondern kann auch von einem Fortschritt berichten: Mit dem Grüßen ist es viel besser geworden! Im Juli „Guten Tag, Frau Feldhaus!", gegen Ende des Jahres immerhin ein lautes „Hallo" ... Das könnte mich beinahe mit dem versöhnen, was ich auch schon habe erleben müssen: Mittwoch, der 6.5.2015, war ein herrlicher Sonnentag. Um ihn zu feiern (einen Grund finde ich immer!) gönne ich mir ein köstliches Mittagessen in der Veggie-Box (schade, dass Frau Kirch den Betrieb in andere Hände übergeben hat!), zum Nachtisch spendiert mir die Chefin noch einen Obstsalat, und dann mache ich mich wieder auf den Weg. Gleich auf dem Obermarkt lege ich die nächste Pause ein. Es muss ja nicht allen so gut gehen wie mir selbst und manchem schon gar nicht! Weil es kurz vor 14 Uhr ist und weil ich Zeit habe, entschließe ich mich, auf OSTD Bell zu warten und mir mal (aus sicherer Entfernung!) anzuschauen, in welcher Verfassung er auf dem Heimweg von der Schule ist. Doch er kommt und kommt nicht. Um 14:35 Uhr habe ich keine Lust mehr und lasse mein direkt vor dem Rathaus geparktes Rad von der Kette, um nach Hause zu fahren. Als ich aufblicke, steht Bürgermeister Stolz direkt vor mir. Ich bin durchaus nicht sicher, dass ich nun zuerst grüßen muss, aber er ist das Stadtoberhaupt, also grüße ich ihn – da fällt mir ja kein Zacken aus der Krone. Doch er erwidert meinen Gruß nicht einmal, sondern verschwindet blitzartig im Rathaus. Das finde ich nun empörend! Also kette ich mein Rad wieder an und folge ihm. In der Halle ist er schon nicht mehr, deshalb wende ich mich an die freundlichen Damen am Empfang: Ich wolle mich über den Bürgermeister beschweren. Eine von ihnen will mich beschwichtigen: Der Arme sei derzeit so gestresst. Eine andere möchte zunächst einmal meinen Namen wissen, den ich ihr gerne nenne. Weiterhin freundlich, aber außerordentlich ernst sagt sie zu mir nur: „Ach so", und reicht mir auf meine Bitte hin Papier und einen Stift. Ich notiere kurz, dass und warum ich beleidigt bin, und mir wird versichert, dass mein Schreiben „sofort nach oben" weitergeleitet wird. Wurde nun dieser Brief beantwortet? Wer jetzt denkt: „Eine blöde Frage!", hat natürlich Recht.

Mein Fazit: Dieser Bürgermeister ist wirklich kein guter (vgl. „Psychoterror", S. 42), aber ein braver Junge. Er tut, was die grauen Eminenzen ihm sagen bzw. was er wahrscheinlich schon längst verinnerlicht hat. Und damit geht es in Gelnhausen immer so weiter und immer so weiter …

Weiteres vom Würger oder Alles hört auf sein Kommando

Am 3.10.2013 wollte Prof. Dr. Lupton mich erwürgen. Erinnern Sie sich? Ich fand das außerordentlich unangenehm und bin deswegen immer wieder fassungslos, wenn ich an die Reaktion einer schon vor mir pensionierten Kollegin und Laptops Parteifreundin denke. Sie hatte „Psychoterror" gekauft und gelesen und wollte mich wohl trösten, als sie mir sagte, sie habe während ihrer Dienstjahre Ähnliches erlebt. Ich habe sie noch ausdrücklich auf die Attacke des Würgers hingewiesen. Darauf sie: „Najaaa ..."

Im Herbst 2014 habe ich mich auf einer Postkarte bei Luppton erkundigt, ob ich bei Gelegenheit wieder mit einem Angriff rechnen müsse. Doch was seine Freundin Barthel kann, kann er ja wohl auch: Anstatt mir mit einem schlichten Ja oder Nein zu antworten, erstattet er am 19.9.2014 bei der Staatsanwaltschaft in Hanau eine Strafanzeige gegen mich „wegen des Verdachtes der Beleidigung, Verleumdung und übler Nachrede". Von dort wird mir in einem Schreiben vom 10.12.2014 mitgeteilt, „mit Zustimmung des Gerichtes werde von der Verfolgung abgesehen." Ich sei nicht vorbestraft (gut so!), und es bestünden „Zweifel an der Schuldfähigkeit" (nicht so gut und angesichts der drei Kapitel „Geisteskrank" in „Psychoterror" durchaus nicht zum Lachen!). Ich weiß, was sich gehört, und reagiere auf Post (um die Staatsanwaltschaft nicht auch noch zu belästigen, mit einer Karte direkt an den Würger): „19.12.2014. Herr Dr. Lupton, Sie sind ein Witzbold! Einem Brief der Staatsanwaltschaft entnehme ich, dass Sie mich wegen Beleidigung, Verleumdung und übler Nachrede angezeigt haben. – Vielleicht habe ich irgendwann Lust, Sie wegen versuchten Mordes und wegen der Vorfälle, die im Kapitel „Geisteskrank (3. Versuch)" angedeutet werden, anzuzeigen. – An anständige Menschen verteile ich seit Anfang der Woche Fotokopien einer Aktualisierung meines Buches (3. Auflage). Sie können sich die Kosten ja wieder mit Ihren Freundinnen teilen. Mit unfreundlichen Grüßen, Feldhaus" – geantwortet hat er nicht.

In der zweiten Novemberwoche 2014 wollte ich eigentlich allabendlich um 19:00 Uhr an einer besinnlichen Veranstaltungsreihe im Chorraum der Marienkirche teilnehmen. Den ersten Abend am Montag, dem 10. November, fand ich sehr ansprechend. Am zweiten war ich leider verhindert (Landgericht Hanau in Sachen Polizistin XY gegen Feldhaus), doch am dritten bin ich wieder zur Stelle. Weil es noch früh ist, verweile ich, wie ich es gern und oft tue, im Mittelschiff dieser schönen Kirche und hänge meinen Gedanken nach. Dann sehe ich plötzlich Frau Lupton vom Lettner aus in meine Richtung spähen, gleich danach den Würger selbst. Er wird doch wohl nicht den Abend leiten? – Doch, das wird er, wie ich bei einem Blick in den Chor erkennen muss. Mir wird schlecht, und ich verlasse notgedrungen die Kirche.

Im Januar 2015 bekomme ich ein Schreiben der hiesigen Polizeistation: Am 12.11.2014 soll ich Laptop schon wieder beleidigt haben. Oder immer noch? Macht er es wie seine Freundin Rosemarie Barthel, die mich gerne wegen ein und derselben angeblichen Beleidigung in Gelnhausen <u>und</u> Hanau anzeigt? Ich habe keine Ahnung, worum es geht, und schreibe das auch der zuständigen Beamtin. Und weil sie in Gelnhausen vielleicht neu ist und deshalb vom Würger noch nichts weiß, teile ich ihr mit, dass ich vor dem Mann Todesangst habe und Abstand halte. Die Gründe dafür könne sie meinem Buch „Psychoterror" entnehmen. – Des Rätsels Lösung wird mir in einem Brief vom 17.2.2015 mitgeteilt: Offensichtlich hatte ich mich nach meinem unfreiwilligen Rückzug schriftlich bei Lupton darüber beschwert, dass mir seinetwegen nun auch noch in der Kirche übel werde (und überhaupt: Warum betet der nicht zuhause? Vertreter der örtlichen Presse kommen ja offensichtlich gerne, wenn er sie dazu auffordert). Mir ist das alles nur noch lästig, und so antworte ich am 19.2.2015, dass ich mich zur Sache nicht äußern will. Ich bin ja alt und im wohlverdienten Ruhestand, aber das heißt doch nicht, dass ich Zeit zu vergeuden habe. Im Gegenteil!

Am 4.3.2015 erhalte ich die Mitteilung der Staatsanwaltschaft, dass man Luptons „auf den Weg der Privatklage verwiesen" habe. Und die Zweifel an meiner Zurechnungsfähigkeit werden auch nicht mehr erwähnt …

(Kann mir jemand von Euch Juristinnen und Juristen gelegentlich sagen, ob man wenigstens eine angemessene Gebühr bezahlen muss, wenn man Polizeistationen und Staatsanwaltschaften mit solchen Absurditäten von wichtigen Arbeiten abhält? 1998 hat sich mal eine im Flörsbachtal sehr berühmte Familie H. beim Schulamt über eine Note beschwert, die ich ihrem Euh (vgl. das Kapitel „Barthel") gegeben hatte. Diesen Leuten wurde mitgeteilt, dass mit der Zensur alles seine Richtigkeit hatte. Außerdem wurden sie wegen ungerechtfertigter Belästigung einer Behörde zur Kasse gebeten, was ich richtig gut fand.)

Doch zurück ins Jahr 2014! Es ging allmählich seinem Ende zu, und offensichtlich kamen stetig mehr Personen zu der Erkenntnis, dass ich dummerweise nicht nur immer noch lebte, sondern putzmunter war. Der Erfolg von „Psychoterror" war überwältigend gewesen. Niemand zeigte mich mehr an (zumindest nicht wegen angeblicher Beleidigungen). Und so habe ich ganz entspannt ein paar schöne Reisen gemacht, mit der Ausbildung zur Clownin begonnen und mit der Arbeit an diesem zweiten Buch angefangen. Doch das Leben einer Schriftstellerin ist durchaus nicht nur vergnüglich, manchmal aber sogar sehr: Am Freitag, dem 17.4.2015, bin ich wegen des wunderbaren Wetters nicht wie geplant in die Karikaturen-Ausstellung (Greser und Lenz) nach Hanau gefahren, sondern durch Gelnhausen gebummelt. Zum Glück! Denn so konnte ich Frau Mucke-Marcial treffen und ein Schwätzchen mit ihr halten. Sie teilt die allgemeine Begeisterung für „Psychoterror", findet mich offensichtlich sympathischer als den Würger und erzählt mir, dass der sich freitags nicht mehr auf „seinen" Obermarkt traut. Gerne nimmt sie mir einen Stapel meiner Visitenkarten ab, um sie in der Stadt unter die Leute zu bringen, weil ihrer Meinung nach das Buch doch noch zu wenig bekannt ist.

(Ein wenig Werbung kann ja nicht schaden. Deswegen hatte ich mir bei Stempel Bergeon am Untermarkt die ersten Visitenkarten meines Lebens drucken und dazu – bestens beraten von Herrn Englisch – einen Stempel machen lassen mit dem schlichten Text:

Op. 1 „Psychoterror ☹
Op. 2 „Das war's ☺

Dieser Text ziert nun die Rückseiten meiner Visitenkarten.)

Ich wiederhole es: Am 17.4.2015 hatte ich mit Frau Mucke-Marcial gesprochen (sie wird mich wegen der Nennung ihres Namens übrigens nicht anzeigen). Am folgenden Tag stehe ich nachmittags (nicht zufällig!) am Balkongeländer, schaue nach meinen Störchen und habe auch die Straße im Blick. Nur eine Person ist per pedes Richtung Innenstadt unterwegs: der Würger! Der könnte ja auch woanders hergehen, aber ich nutze die günstige Gelegenheit: „Sieh an, der Herr Professor! Ich habe gehört, dass Sie sich nicht mehr auf den Obermarkt trauen. Stimmt das?" Doch einem, der kleine alte Frauen zu erwürgen versucht, was sich nicht gehört, mangelt es offensichtlich auch sonst an Manieren: Er antwortet nicht, bleibt nicht einmal stehen, sondern rennt (!!!) weg. Wahrscheinlich hat er Angst, ich würde – irre und/oder „schon wieder besoffen" (vgl. „Psychoterror", S. 67) – vom Balkon springen und ihm etwas antun.

Dass er vor mir Angst hat, kann ich nur feststellen, einfacher wird meine Situation dadurch aber nicht – im Gegenteil! Es sind schon Leute wegen weniger durchgedreht. Und der Mann läuft ja immer noch frei herum.

Nur wenige Wochen später lese ich in der GNZ, der langjährige Vorsitzende der CDU Gelnhausen-Mitte solle abgelöst, ein Herr Thiemel sein Nachfolger werden. Ich nehme mir am 10.6.2015 die Zeit für einen Brief an die Zeitung:

„Betr. CDU/Generationswechsel. Prof. Lupton soll abgelöst werden? Endlich! An den Nachfolger habe ich zwei Fragen: Haben Sie gewusst, dass Prof. Laptop gerne dabei helfen wollte, mich, Christine Feldhaus, für geisteskrank erklären zu lassen? Und haben Sie gewusst, dass er am 3.10.2013 versucht hat, mich zu erwürgen? In meinem neuen Buch wird es vermutlich ein Kapitel ‚Weiteres vom Würger' geben. Christine Feldhaus. P.S. Bürgermeister Stolz muss auch abgelöst werden!"

Hat das Blatt meinen Brief veröffentlicht? Natürlich nicht. – Hat denn zumindest Herr Thiemel geantwortet? Leider ebenfalls nicht …

Auch im November 201<u>5</u> wurde in der Marienkirche wieder viel gebetet (vgl. „Psychoterror", S. 76). Ich habe mir, den Anblick der übelsten Figuren möglichst meidend, jeweils zwischen mir bekannten lieben Menschen einen Platz gesucht und mich nicht weiter stören lassen. Nur am 12.11. muss ich passen. Die hiesige ehrenwerte Gesellschaft zieht vollzählig (so kommt es mir wenigstens vor) in die Kirche ein, man herzt und küsst sich, mir wird wieder schlecht, und ich suche das Weite. An Luppton schreibe ich nur ein paar Zeilen: Er solle meine Karte vom vorigen Jahr lesen. – Damit er mich nicht wieder anzeigen kann, benutze ich mein aktuelles Pseudonym „Frau Müller" (wer den Film „Frau Müller muss weg!" noch nicht gesehen hat, sollte das unbedingt nachholen!). An den restlichen Abenden kommt er nicht mehr, aber vielleicht versteckt er sich auch nur, wenn ich eintreffe.

Längere Zeit habe ich geschwankt und mich nicht entscheiden können, ob es in der zweiten Überschrift „hört" oder „hörte" heissen muss. Lupptons Ablösung als CDU-Vorsitzender war doch schon mal ein Anfang, so dachte ich. Aber ich hatte mich zu früh gefreut! Im Februar 2016 hört immer noch alles auf ihn und die anderen grauen Männer, die sich mehr im Hintergrund halten. Er hat Einfluss bei der Feuerwehr (wer Details wissen will, soll mich fragen) und beim CDU-Nachwuchs (jüngere Leute als Michael Reul). – Bürgermeister Stolz (nicht in der CDU!) darf ihn nicht verraten. – Pfarrerinnen der evangelischen Kirche haben Angst, dass er sie zusammen mit mir in der Stadt sieht. – Demnächst werden wieder die Müllsammler auf sein Kommando hören, die Presse ist schon bestellt. – Und als ich am 14.2.2016 am hiesigen Bahnhof auf den Zug nach Frankfurt wartete, war sie wieder da, die besorgte Stimme aus dem Lautsprecher: „Vorsicht am Gleis 2, ein Zug fährt durch. Ich wiederhole: Vorsicht …". Einige Wochen hatten wir ohne diese Durchsagen auskommen müssen, worüber Prof. Dr. Lupton lt. den Berichten in der Presse sehr besorgt gewesen war. Aber: Alles hört auf sein Kommando – und das nicht nur in Gelnhausen und Umgebung, sondern sogar Verkehrsminister Dobrindt in Berlin.

Es nahen nämlich die Kommunalwahlen. Wer will (und wird) wieder in die Stadtverordneten-versammlung gewählt werden? „Herr, Prof. Dr. Lupton, David, Rentner" – Das hat die Barbarossastadt Gelnhausen im Januar amtlich bekanntgemacht. Und wer will wieder in den Ortsbeirat gewählt werden? Lupton! Warum auch nicht?

Ich habe einen halben Vormittag damit verbracht, die im Gelnhäuser Tageblatt abgedruckten Listen mit den Wahlvorschlägen durchzusehen. Etliche weitere Bewerber verdanken ihr Berühmtsein nicht zuletzt der Tatsache, dass ich sie schon im Jahre 2014 in „Psychoterror" erwähnt habe. So z.B. Dr. Peter Tauber, Bürgermeister Thorsten Stolz, Psychotherapeut Arndt Lometsch, Lehrer i.R. Wolfgang Schmidt und „Leiter Konzernkommunikation" Daniel Christian Glöckner.

So! Jetzt ärgern sie sich wieder parteiübergreifend über mich! Und ich werde gelegentlich darüber nachdenken, ob ich einen oder zwei weitere Leibwächter einstellen soll.

Übrigens: Für den Kreistag kandidiert ein Mensch, den ich wählen werde (eigentlich wollte ich ja gar nicht mehr ...). Seinen Namen finden Sie in einem anderen Kapitel.

Und wie heißt das Regal?

Vorausschicken muss ich, dass mich der Gesundheitszustand mancher (nicht vieler!) Menschen eigentlich nicht interessiert, aber ich will mal nicht so sein und warne Sie eindringlich. In diesem Kapitel geht es ausschließlich und ausführlich um meine nicht wenigen und nicht geringen Verdienste um Gelnhausen und das Grimmelshausen-Gymnasium. Vielleicht wollen Sie es daher mit Rücksicht auf Ihre Nerven lieber gar nicht lesen? Oder neigen auch Sie zu Wutanfällen und würden das Buch gleich zerreißen? Das wäre ja gut, weil Sie sich dann ganz bald in einer unserer Buchhandlungen ein neues Exemplar besorgen müssten …

„Viele Menschen halten das neue Gebäude für ein Schiff" sagte die Stadtverordnetenvorsteherin Pia Horst und überreichte Schulleiter Bell eine Urkunde und eine Kapitänsmütze. So war es am 20.3.2015 in der GNZ zu lesen. Doch das noch junge Gebäude hatte inzwischen schon einen neuen Namen bekommen, weil zumindest Herr Kantakk meint, dass es nicht wie ein Schiff aussieht, sondern wie ein Regal mit schief stehenden Büchern. Hier muss ich als ehemalige Leiterin dieser Bibliothek schärfstens protestieren! <u>Bücher werden niemals schief in Regale gestellt!</u> Fragen Sie die dortigen Mitarbeiterinnen oder andere Menschen, die Bücher gut zu behandeln pflegen! Direktoren kann man meinetwegen schief in Regale stellen, aber doch keine Bücher! Den allergrößten Teil meines eigenen Bestandes habe ich in den letzten Jahren verschenkt, die Reste stehen in den wenigen verbliebenen Regalen – und zwar ausnahmslos gerade. Sogar die Kochbücher. Und was „den besten Kaffee" der Stadt betrifft: Mir wurde berichtet, dass Kantack ihn gerne mal nicht bezahlt. Diese Information habe ich allerdings von keiner Augenzeugin bekommen, sondern sie stammte aus zweiter oder dritter Hand. Eigentlich kann das doch auch gar nicht wahr sein (ergänzend füge ich hinzu, dass es bei Cawolle weiterhin den besten Espresso gibt) – und wieso habe ich mich in dieser Angelegenheit verdient gemacht? Weil ich in „Psychoterror" (S. 41) darauf hingewiesen habe, dass „Titanic" kein guter

Name für dieses Schiff ist. Die Schülerschaft und die Historiker hören auf mich (weiter so!) und instruieren freundlicherweise auch die Direktoren. – Und wie heißt nun dieses Regal momentan?

Die Abibücher lese ich immer von vorne bis hinten, weil mich interessiert, was da berichtet wird. Die vielen Rechtschreib- und Grammatikfehler fand ich allerdings in den letzten Jahren sehr irritierend und peinlich. Doch das Elend hat ein Ende genommen! Im Jahre 2015 gab es beinahe nichts mehr zu bemängeln. – Was meine Meriten in dieser Angelegenheit sind, soll Euch jemand von der Schulleitung sagen.

Ein letztes Beispiel dafür, was das Grimmelshausen-Gymnasium mir zu verdanken hat bzw. in diesem Falle zu verdanken haben wird, sind die Reden, die die dazu berufenen Lehrkräfte anlässlich der Verabschiedung der Abiturientinnen und Abiturienten halten dürfen. Ich habe aus gegebenem Anlass angeregt, dass künftig immer jemand aus der Fachschaft Latein hinzugezogen wird, wenn es denn unbedingt wieder ein Zitat sein soll oder die Erklärung eines lateinischen Wortes wie z.B. „Abitur". Und so bin ich schon jetzt auf den 24. Juni 2016 gespannt. Ob mein Engagement auch hier genützt hat?

Das soll im Augenblick genügen, was das GGG betrifft, denn ich war und bin ja nicht nur eine Bereicherung für unsere schöne Schule, sondern sowohl die Stadt Gelnhausen als auch der Main-Kinzig-Kreis dürfen sich glücklich schätzen, mich als Einwohnerin zu haben. Dafür gibt es mannigfache Gründe.

So habe ich vielen Menschen mit „Psychoterror" zu vergnüglichen und spannenden Lektürestunden und reichlich Gesprächsstoff verholfen.

<u>Ich</u> kaufe ein in unserer Stadt, damit sie eine Zukunft hat. Ich kaufe <u>alles hier</u> (oder in der sehr nahen Umgebung wie z.B. meine Fahrräder), von A (Autos, Ansichtskarten) bis Z (Zeitungen, Zahnbürsten, Zucker). Ich gehe nur in Schneevogels Kinos, bete in den hiesigen Kirchen (allerdings nicht nur) und trage täglich Geld in Restaurants, eine Kantine, ein Café …

Und wer, wenn nicht ich, hat z.B. die Zeit, sich immer mal wieder bei der Bahn über die Barrieren in unserem verfaulenden Bahnhof und über verspätete oder ausfallende Züge zu beschweren? – Ich weiß, selbst Frau von Lilienfeld-Toal und ihre Mitstreiter haben bei denen da ganz oben nicht viel bewirken können, aber die sollen mindestens zur Kenntnis nehmen, dass wir noch da sind. Und momentan haben wir doch die superschnelle Verbindung von Prof. Dr. Laptop über Dr. Tauber zu Verkehrsminister Dobrindt. Nach der Wahl übernehme ich wieder.

Sehr stolz bin ich auf mein „Privates Center für Arbeit", das ich bald nach meiner Pensionierung gegründet habe. Leider ist mir trotz langen Nachdenkens kein Firmenname eingefallen, den man ähnlich originell und Aufmerksamkeit erregend schreiben könnte wie das hiesige „Kommunale Center für Arbeit". Diesem Arbeitsamt (so sagte man früher. Wie altmodisch!) möchte ich keine Konkurrenz machen, sondern einen kleinen ergänzenden Beitrag leisten (bei meiner Klientel handelt es sich um Menschen, die sehr fleißig die Deutschkurse in der VHS besuchen, darüber hinaus aber möglichst oft unter die Leute kommen sollten, um den deutschen Arbeitsmarkt kennenzulernen, ein wenig Geld zu verdienen und ihre Sprachkenntnisse zu erweitern). Ich bin ja kein Profi auf diesem Gebiet, doch die Vorgehensweise, die ich mir ausgedacht habe, ist außerordentlich effektiv. So überlege ich mir, wenn ein Mensch vermittelt werden muss, welcher Betrieb in Frage kommen könnte. Dessen Chefin oder Chef suche ich persönlich auf, schildere die Situation, mache beide Seiten miteinander bekannt – und habe beinahe immer Erfolg. Arbeitgeberinnen und Arbeitgeber und Arbeitnehmerinnen und Arbeitnehmer sind mir dankbar, Gelnhausen und die Umgebung profitieren davon, und ich bin über mich selbst erstaunt ... (bei den Betrieben handelt es sich momentan um ein Elektrogeschäft – sie reparieren alles, egal, wo wir die Sachen gekauft haben –, die Firma, bei der der berühmte junge Mountainbiker J.-N. P. aus Biebergemünd und ich unsere Räder kaufen, und ein Vertriebsunternehmen. Für den nächsten „Fall" habe ich auch schon einen Chef ausgesucht, aber der weiß das noch nicht).

Jetzt nur noch ein Beispiel, und dann ist auch dieses Kapitel fertig. Geht jemand von Ihnen und Euch gelegentlich durch den Stadtgarten? Ich tue das seit fünf Jahren mehrmals wöchentlich und halte stets bei den Denkmalen für die Soldaten der Kriege seit 1870/71 inne. Außer den überlebensgroßen Statuen eines Soldaten, eines Schmiedes und einer Frau mit einem Kind auf dem Arm sieht man lange Namenslisten und andere

Inschriften. Rechts z.B. die eindrucksvolle 148 cm breite und 60 cm hohe Gedenktafel einer Panzerabteilung. Am Volkstrauertag werden fünf entsprechend große Kränze niedergelegt bzw. aufgestellt und befinden sich Ende Februar immer noch dort.

An brennenden Kerzen fehlt es auch nie. Ich bleibe immer stehen, gedenke der jungen Burschen, die da in den Tod getrieben worden sind, und finde, dass man für Soldaten weltweit (!) ein Mindestalter von etwa 40 (!) Jahren einführen sollte ... Rechts also die Gedenktafel der Panzerabteilung, links und direkt gegenüber eine „etwas" kleinere – 76 cm breit, 67 cm hoch – mit der Inschrift

„Zur Erinnerung an das Leiden und Sterben unserer jüdischen Mitbürger in den Jahren 1933 – 1945"

Wer diese Tafel hat anbringen lassen, soll offenbar niemand wissen. Ein Datum fehlt ebenfalls. Wie diejenigen hießen, die da gelitten haben und gestorben sind, wann und wo sie ermordet wurden und welche weiteren Mitbürger es in Gelnhausen damals nicht gut hatten, erfährt man leider auch nicht. Dafür ist die Tafel ja auch zu klein ...

Sie ist so unscheinbar, dass man sie am Volkstrauertag 2011 und wohl auch in früheren Jahren gar nicht gesehen und folglich dort auch keinen Kranz niedergelegt hat. Darüber habe ich mich „etwas" aufgeregt und umgehend von der inzwischen bedauerlicherweise nicht mehr existierenden Firma Haldy eine recht große, sehr schön bepflanzte Schale hinstellen lassen. Doch die war offensichtlich nicht schwer genug und schon nach wenigen Tagen verschwunden. Firma Haldy und ich sind auf die Suche gegangen – ohne Erfolg. Aber bald war sie ersetzt durch ein etliche Nummern größeres, sehr schweres und noch schöneres Exemplar – und das steht da immer noch. Mit der Pflege der Pflanzen tue ich mich schwer, aber ich werde demnächst hilfsbereite Menschen bitten, sich ihrer anzunehmen.

Und seit die Schale dort steht, bringt jemand von der Stadt am Volkstrauertag ein Gesteck. – Wer sie bezahlt hat, wissen Sie und wisst Ihr jetzt. Da muss ich kein entsprechendes Hinweisschild mehr anfertigen lassen.

Vielleicht werden irgendwann neue, andere Menschen („neue Gesichter" finde ich – von Ausnahmen abgesehen – überflüssig) in Gelnhausen Verantwortung tragen und eine Gedenktafel mit einer besseren Inschrift anbringen lassen? Ich erkläre mich jetzt schon bereit, diese regelmäßig zu polieren. Die neuen Verantwortungsträger könnten beim Kreistag anfragen, ob sie den Text übernehmen dürfen, der seit dem Jahre 2011 in der Eingangshalle des Main-Kinzig-Forums zu lesen ist:

„Ich suche Dich und Dich und Dich
an den Stätten meiner Kindheit.
Ja, ich suche, suche ..."

Asta Heymann, 1916 in Gelnhausen geborene Jüdin,
gestorben 2001 in London

Mit der Machtergreifung der Nationalsozialisten am 30. Januar 1933 und dem Ermächtigungsgesetz vom 23. März 1933 wurde die Demokratie in Deutschland abgeschafft.

Unveräußerliche Grundrechte des Menschen wurden außer Kraft gesetzt und in der Folgezeit durch eine Ideologie des unterschiedlichen Wertes eines Menschenlebens ersetzt.

Aufgrund dieser Entrechtung wurden politische Gegner und Andersdenkende, ethnische, religiöse und kulturelle Minderheiten sowie Menschen mit Behinderung verfolgt.

Auf dem Gebiet des heutigen Main-Kinzig-Kreises wurden von 1933 bis 1945 Tausende Juden, Sinti, Behinderte und psychisch Kranke, politisch Verfolgte wie Kommunisten, Sozialdemokraten, Mitglieder der Zentrumspartei und der Gewerkschaften, Verfolgte wegen ihrer religiösen Einstellung, Verfolgte wegen ihrer sexuellen Orientierung, Zwangsarbeiter und Andere zu Opfern des Nationalsozialismus.

Wir gedenken ihrer Aller.
Die Würde des Menschen ist unantastbar.
Der Kreistag des Main-Kinzig-Kreises 2011"

Unsre schöne Schule

Als meine Zeit als Referendarin an der Winfriedschule in Fulda ihrem Ende zuging und wir, falls wir in den hessischen Schuldienst übernommen werden wollten, drei Wünsche für einen möglichen Einsatzort äußern durften, waren das bei mir Büdingen, Friedberg und Gelnhausen. Die dortigen Gymnasien waren mir allesamt unbekannt, ich hatte die Städte ihrer geographischen Lage wegen ausgewählt. Dass ich in Gelnhausen „gelandet" bin, verdanken Sie und verdankt Ihr dem am 31. Januar 2016 leider verstorbenen Herrn Pfr. i.R. Hermann Josef Trost, der damals am Grimmelshausen-Gymnasium unterrichtete. Er hat nicht die Mühe gescheut, mich persönlich in Fulda aufzusuchen, um mir „seine" Schule wärmstens zu empfehlen. Und so kam ich 1978 nach Gelnhausen.

Das „Grimmels" war damals wirklich eine schöne Schule (von Oberdirektor Gremm einmal abgesehen), manches ist inzwischen bekanntermaßen recht unschön, doch es gibt immer noch und immer wieder auch höchst Erfreuliches zu berichten. Ein Latein-Leistungskurs ist momentan leider nicht darunter, aber es gab z.B. endlich wieder einen Reli-Leistungskurs – dank interessierter Schülerinnen und Schüler und dank Daniel Stehling, Barmann in der Ansprechbar, Religionslehrer und erst unlängst offiziell zum röm.-kath. Schulseelsorger ernannt (Glückwunsch! Und Danke für die immer sehr schönen Abigottesdienste! Der kleine hölzerne Fisch ziert heute noch mein Regal).

Natürlich fragt mich niemand, und zu sagen habe ich schon gar nichts, aber Religionslehre oder Ethik müssten in meiner Schule alle belegen, außerdem Englisch und Sport, ferner Kunst oder Musik oder Theater (am besten alle drei), womit ich beim nächsten Erfreulichen wäre! In diesen Kursen wird am GGG Hervorragendes geleistet. Ich habe schon im vergangenen Jahr keines der Konzerte und keine Theateraufführung versäumt und werde auch künftig immer zur Stelle sein.

(Eine Weile hatte ich mich ja nicht in die Schule getraut, manchmal kaum in deren nähere Umgebung – schade wegen der Fiene –, aber die

Zeiten sind vorbei! Gelegentlich nehme ich noch einen meiner derzeit zwei Leibwächter mit, aber eigentlich mehr zur Zierde – beide sind ansehnliche junge Herren.)

Sehr schöne selbstgemachte Musik erklingt auch immer bei der Verabschiedung eines Abiturjahrganges, so zuletzt im Juni 2015 in der hiesigen Stadthalle. Plätze in der ersten Reihe hat uns niemand angeboten, aber in der dritten waren noch zwei frei. So hatte ich meinen Leibwächter zu meiner Linken, vor mir die Herren Kauck[5] und Krischke, rechts, hinter uns und auf der Empore ganz offensichtlich auch nur Menschen, die mir wohlgesonnen waren – das war ein sehr angenehmes Gefühl. Kantakk, Bell und Stolz waren über meine Anwesenheit nicht so erfreut, aber das ist nicht mein Problem, und ich konnte den Abend unbeschwert genießen.

Bei den meisten Reden habe ich nicht zugehört (z.B. bei der über die Einwohnerzahl Gelnhausens), aber was die Schüler zu sagen hatten, hat mich interessiert. Und dann die schon erwähnten Ausführungen zum Wort Abitur. Die waren von erstaunlicher Originalität! Meine ehemaligen Schülerinnen und Schüler (in „Psychoterror" die Klassen 7) haben sich dank ihrer guten Erziehung jedweder Reaktion enthalten – und wenn Ihr dann irgendwann einmal eine Rede vorbereiten müsst und ein lateinisches Sprichwort einfließen lassen wollt, wendet auch Ihr Euch bei der geringsten Unsicherheit vertrauensvoll an mich! Wir lösen das Problem dann gemeinsam. – Dem Hessischen Rundfunk habe ich diesen Gratisservice übrigens auch schon angeboten, aber die wollen sich lieber weiterhin blamieren. Sollen Sie!

Und ich könnte doch, wenn ich mit diesem Buch fertig sein werde, die freie Zeit dazu nutzen, nach jedem Lapsus einen Teil der Rundfunkgebühren zurückzuverlangen. Plus Schmerzensgeld!

Doch zurück zur Schule! Wer oder was muss noch lobend erwähnt werden? Genau! Die wissenschaftliche Bibliothek und das Caféhaus. Die Bibliothek hat eine neue Leiterin, die ihre Arbeit offensichtlich sehr gut macht. Irgendwann werde ich ihr meine Aufwartung machen und ihr danken, ebenso Gabi Franz und einigen der ehrenamtlichen Helferinnen.

---

[5] Gertraude Schön und ich waren uns neulich einig: Auch <u>vor</u> Herrn Kauck hatten wir keine guten Schulleiter.

(Birgid Pfromm ist leider nicht mehr dabei. Sie hat etliche andere schöne und wichtige Aufgaben. Ich kann mich z.b. immer an sie wenden, wenn mir bei der deutschen Rechtschreibung etwas rätselhaft ist. Entweder bekomme ich die gewünschte Auskunft sofort, oder Birgid macht sich schlau bzw. noch schlauer und ruft bald zurück. Danke!)

Und nun bitte noch einen Applaus für Frau Ingrid Ström und den sympathischen Kollegen Jörg Höller! Hier erwähne ich zuerst Frau Ström zum Ausgleich dafür, dass der mir nicht sympathische Kollege Klemens Großberger (er war damals im Personlrat, vgl. „Psychoterror", S. 49–52) am 27.11.2015 beinahe vergessen hätte, sie überhaupt zu nennen, von Dank ganz zu schweigen … Klemens Großberger hat anscheinend eine wichtige Funktion im Caféhaus, und so begrüßte er an diesem Abend das zahlreich erschienene Publikum. Frau Ström hatte für das Buffet gesorgt – eine wahre Augenweide und ein Gaumenschmaus. Es hat uns vortrefflich gemundet, satt geworden sind wir auch. Danke!

Zum guten Schluss Jörg Höller! Er ist nämlich einfach genial. Das Programm an jenem Abend hieß „Psycho", und was macht er? Dieser sicher sehr gewissenhafte Lehrer lässt auf die Eintrittskarten drucken „… im Caféhaus des Grimmelshausen Gymnasium (!)" Da fängt das Gruseln doch schon an, und es ging ebenso gruselig weiter. – Danke auch Dir!

Ich war ja selbst sehr lange und sehr gerne an dieser schönen Schule beschäftigt (die Problemchen, die es in den letzten Jahren gab, sind doch kaum der Rede wert …), aber offensichtlich habe ich da ganz besonderes Glück gehabt. Das vermute ich jedenfalls, seit ich am 4.4.2015 in der GNZ unter der Überschrift „Angepasste Mitarbeiter" folgenden Artikel gelesen habe:

„Viele Firmen wollen innovativ und offen für Neues sein. Bei der Personalauswahl setzen Führungskräfte jedoch auf angepasste Fachkräfte. Zu den drei am häufigsten erwünschten Eigenschaften bei Personal zählen Verlässlichkeit, Produktivität und Loyalität. Das geht aus einer Studie der Fernuniversität Hagen hervor. Dafür wurden 138 Führungskräfte aus Deutschland und Österreich befragt. Ebenfalls gefragt waren Fleiß, Höflichkeit und Teamfähigkeit. Querköpfe haben es dagegen eher schwer. <u>Weniger erwünscht waren Eigenschaften wie Selbstbewußtsein und</u>

geringe Beeinflussbarkeit. Das gilt aber auch für Fröhlichkeit oder Selbstlosigkeit" (die Hervorhebungen sind von mir).

Schon geraume Zeit vor meinem eigenen Abitur vor ziemlich genau fünfzig Jahren war mir klar, dass ich Theologie und Latein studieren und in den Schuldienst gehen würde. Deshalb bin ich gar nicht auf die Idee gekommen, mich um einen Termin bei der Berufsberatung zu kümmern. Das war ein sehr großer Fehler, denn dort hätte man mich doch sicher darauf aufmerksam gemacht, dass ausgerechnet „Selbstbewußtsein und geringe Beeinflussbarkeit" sowie „Fröhlichkeit oder Selbstlosigkeit" bei Chefs nicht sonderlich gefragt sind. – Dumm gelaufen …

Jetzt zählt mal die Seiten! Offensichtlich gab und gibt es auch viel Positives zu vermelden. Und vielleicht schickt der nächste Kultusminister (oder die nächste Ministerin) das Gruselduo endlich in die Wüste bzw. in die Zwangspension. Ich hege die Hoffnung, dass ich das noch erleben werde. Und auch viele von Euch sind offensichtlich zuversichtlich. So hat z.B. Frau Dr. Dr. Susanne S. in Hailer schon ausgerechnet, dass sie ihre Kinder, wenn es denn soweit sein wird, nach der Grundschule getrost wieder ins Grimmels schicken kann.

Also, Ihr guten Kolleginnen und Kollegen: Haltet durch! Oder vergesst das Grimmelshausen-Gymnasium wenigstens nicht, falls man Euch weggelobt hat oder falls Ihr Euch freiwillig vorübergehend andere Schulen gesucht habt. – Und Ihr, die Ihr noch an den Unis seid: Studiert fleißig! Forscht erfolgreich! Denkt selbst! Und dann kommt bitte als Lehrerinnen und Lehrer zurück an unsere schöne Schule!!! Bitte!

Schlusswort

Eigentlich hatte ich noch die Ergebnisse der Kommunalwahlen am kommenden Sonntag abwarten und kommentieren wollen, aber gerade eben (29.2.2016, 8:05 Uhr) habe ich keine Lust mehr. Kommentiert sie Euch also selbst! – Ich gehe ab sofort lieber noch öfter mit Frau Diemel in die Oper oder fahre mit der nächsten Bahnkarte 100 in die weite Welt ...

„Danke!" sage ich

- denen, die mir seit dem Erscheinen von „Psychoterror" signalisieren, dass Sie sich auf die Fortsetzung freuen und schon sehr gespannt sind.
- der Büro- und Datentechnikfirma Schaaf und speziell Herrn Bischoff. Ciarán Baulig, der mir sonst gerne und kompetent hilft, ist momentan leider nicht im Lande, und so hat Herr Bischoff meinen PC gebändigt und sich damit um meine Nerven sehr verdient gemacht.
- Frau K. mit Rücksicht auf meine Gesundheit habe ich dieses Werk nicht selbst getippt, sondern höchst komfortabel in meiner eigenen Wohnung diktiert. Frau K., die sowohl Gelnhausen als auch das Grimmelshausen-Gymnasium kennt, hat nicht nur geschrieben, sondern mitgedacht, vortreffliche Anregungen gegeben, doppelt und dreifach gespeichert und die fertigen Kapitel bei sich zuhause ausgedruckt. Und morgen wird sie alles nach Jena weiterleiten.
- schließlich und ganz besonders herzlich wieder Frau Dr. Katrin Ott. Schauen Sie ggf. im Internet nach, was eine freie Lektorin so alles macht.[6] Sie macht das alles hervorragend![7]

So, fertig!

---

[6] Anm. der Lektorin: etwa unter http://www.vfll.de/berufsbild/.
[7] Anm. der Lektorin: Dankeschön!

Das war's!

Das war's wirklich.